삶이 묻고 고전이 답했다

# 삶이 묻고 ── 고전이 답했다

**예측 불가능하고 불안한 삶을 이기는 68가지 고전문답**

김헌 · 김월회 지음

오아시스
Oasis

# 오래된 책에서
# 오늘을 살아가는
# 힘을 얻다

어떤 분야에서든 앞서 나가는 사람이 있습니다. 계획한 일을 성공적으로 해내고, 실패에 좌절하거나 포기하는 대신, 새로운 돌파구를 찾아내 기어이 해내고야 말지요. 이루어 낸 성과를 바탕으로 새로운 성과를 다시 상상하고 계획하며, 그것을 향해 모든 노력을 집중시킵니다. 필요한 사람들과 적절한 관계를 맺으며 그들의 장점을 최대한 끌어내 자기 일에 잘 연결해 나가지요. 이런 태도가 그들을 성공으로 이끄는 것 같습니다.

질문도 잘 던집니다. '지금 내가 하는 일이 어떤 의미가 있을까?', '내가 이 일을 좋아하고, 계속할 수 있을까? 계속해도 후회는 없을까?', '이 일을 잘하려면 어떤 능력과 조건이 필요할까?', '내가 성공하는 데 걸림돌은 무엇이며, 경쟁자는 누구일까?', '극복하거나 이겨 내는 방법은 무엇일까?' 질문을 던지면서 해결책을 모색하고, 적극적으로 실천한 다음, 다시 또 질문하지요. '내가 하는 일을 더 확장하려면 어떻게 해야 할까?'

현안에 대해서도 무작정 뛰어드는 대신, 질문을 던지고, 짧더라도 숙고의 시간을 갖습니다. '지금 이 일은 내게 이익이 될까?' 이익이 된다면 하고, 손해가 된다면 거절하지요. 그러나 지금 당장 이익이 된다고 다 할 수는 없고, 손해가 되더라도 꼭 해야 할 것 같다면, 손실의 계산을 다르게 하기도 합니다. '당장은 이익이 될 것 같은데, 과연 옳은 것일까?' 이것은 순수하게 도덕적인 질문일 수도 있지만, 옳지 않은 일이 장기적으로는 더 큰 손해가 될 수도 있다는 실리적 판단에서 던지는 질문이기도 합니다. 아예 다른 가치관에서 질문을 던질 수도 있습니다. '이것은 진정 아름다운가?'

답을 찾기 위해서도 열심입니다. 성공한 선배를 찾기도 하고, 최고 권위자로부터 강의를 듣거나 자문을 구하기도 합니다. 관련 자료와 최신 정보를 검색하며 AI의 도움을 받기도 하지요. 그리고, 고전? 누구나 인정은 하지만, 선뜻 손이 가지 않는다고 합니다. 특히 시급한 사안에 대해 구체적인 조언이 필요할 때, 고전은 쓸데없어 보입니다. 너무 어려워서, 현재의 문제와 연결이 약한 것 같아서, 그 시간에 다른 정보를 보는 것이 더 유익할 것 같아서 고전을 뒷전으로 밀어 놓곤 하지요. 그건 그저 시간적인 여유가 있거나, 할 일이 딱히 없을 때나 볼 수 있는 책이라고 제쳐 두기 십상입니다.

납득이 갑니다. 그런데 왜 여전히 고전은 누군가에 의해 읽히고 있을까요? 깊은 시련과 좌절 속에서, 큰 실패를 겪은 절망의 상태에서, 더 큰 성공과 도약을 꿈꾸는 순간에 고전은 왜 누군가에게 큰 힘을 줄까요? 각자의 구체적인 일에서도, 순전히 개인적인 생활에서도 그렇지만, 결국 인생의 큰 그림 속에서 고전은 왜 빛을 내는 것일까요?

삶이 던지는 여러 가지 질문에 고전이 내놓을 수 있는 대답을 짤막하게 정리해 보았습니다. 바쁜 일상에서 잠깐 여유를 내서 읽어 보시면 좋겠습니다. 좀 더 여유가 생긴다면 고전의 세계로 깊이 들어가셨으면 좋겠습니다. 그리고 한 번 살다 언젠가는 떠나는 이 인생을 앞서 살았던 옛 현인들의 지혜와 만나며, 그들의 이야기에서 여러분의 남은 삶을 잘 살아갈 수 있는 힘을 얻으실 수 있으면 참 좋겠습니다.

김헌

# 불확실한 세상을
# 고전으로
# 헤쳐 나가다

이런 사고실험을 해봅니다. 사람이 미래를 알 수 있다면 어떤 일이 벌어질까요? 당장 떠오르는 것은 '불안에 떨지 않겠구나!' 하는 것입니다. 불안을 일으키는 흔한 요인은 앞으로 뭐가 어떻게 될지 모른다는 데서 비롯되는 걱정과 근심입니다. 미래를 환히 안다면 걱정 근심이 일어날 리 없겠지요. 그러니 불안도 덩달아 사라질 것입니다. 그런데 사라질 것이 또 하나 있습니다. 바로 고전입니다. 미래를 환히 아는 데 그 어렵다는, 그 따분하다는, 실제적이지 못하다는 고전을 굳이 힘들여 읽을 필요는 없기 때문입니다.

다만 안타깝게도 우리 인간은 미래를 알지 못합니다. 덕분에 우리는 오늘을 의미 있게 살려고 노력합니다. 더 나은 미래를 빚어내기 위해서입니다. 미래를 환히 안다면, 이는 미래가 이미 정해져 있다는 뜻이 됩니다. 그렇게 미래가 정해진 채로 우리 앞에 늘 제시되어 있다면, 오늘날을 괜찮게 산다는 것이 무슨 의미가 있을까 싶습니다. 내가 어떻게 살아가든 간에 이미 미래는 정해져 있으니 말입니다. 그래서 미래를 모르는 것이 꼭 나쁜 일만은 아닙니다. 게다가 우리에게는 고전이라는 문명의 이기가 있습니다. 지난 오랜 세월 동안 지구촌 여기저기서 착실하게 검증되었듯이, 고전에는 오늘을 괜찮게 사는 데 쏠쏠한 자양분이 듬뿍 담겨 있습니다. 또한 미래를 예측하고 설계하는 데 미더운 근거도 빼곡히 들어 있습니다.

단적으로 우리는 미래를 알지 못하기 때문에 고전은 우리에게 더없이 소중하고 요긴합니다. 그럼에도 고전은 가까이하지 않아도 살아가는 데 별문제 없다고 여깁니다. 어쩌다 기회가 되어 고전을 보게 되더라도 웬만해서는 그것이 오늘을 살아가는 데 쓸모 있다고 느끼기란 힘듭니다. 그래서 문제라는 얘기는 아닙니다. 고전과 현실 사이에 거리가 느껴짐은 너무나도 당연하기에 그렇습니다. 만약 고전이 읽는 족족 그 순간의 현실에 딱 맞아떨어진다면 틀림없이 고전이 되지 못했을 것입니다. 고전이 언제 어느 한 순간에만 들어맞는다면, 그 순간의 고전은 될 수 있어도 시대와 지역을 넘나들며 그 쓸모가 발휘되지 못할 것이기에 그렇습니다. 고전은 현실과 직접 관계 맺기보다는 주로는 간접적으로, 때로는 우회적으로 관계 맺기 때문입니다.

그래서 고전을 활용하고자 한다면 고전과 현실을 연결해 주는 노력을 해야 합니다. 고전이 하는 말을 오늘날 나의 현실로 '바꾸어 읽는' 것이 필요합니다. 이 책은 필자가 고전이 들려주는 말을 오늘날로 바꾸어 읽어 본 소산입니다. 예측하기 힘들고 자못 불안한 세상을 고전으로 헤쳐 나간 증언입니다. 모쪼록 이 책을 통해 고전이 오늘을 단단하게 살아가고 괜찮은 미래를 빚어내는 데 확실한 자산임을 확인할 수 있기를 소망해 봅니다.

김월회

일러두기

- 이 책은 국립국어원 표준국어대사전의 표기법을 따랐으나, 인명·지명 등 이미 굳어진 고유명사의 표기는 관례와 원어 발음을 존중해 그에 따랐습니다.

- 도서명은 《 》, 작품명은 〈 〉로 표기했습니다.

- 이 책은 서양 고전학자 김헌과 동양 고전학자 김월회가 총 34개의 키워드를 매개로 삼아, 각 키워드마다 한 편씩 응답하는 형식으로 구성되었습니다.

- 각 글의 도입부에 삽입된 직접 인용 형식의 문구는 원문을 그대로 옮긴 것이 아니라, 인물과 고전의 주요 메시지를 바탕으로 새롭게 구성한 문장입니다.

# 나는 지금, 잘 살고 있는가

# 내면 강화

---

## 왜 영혼의 마비를 외면하는가?

# 01

# 몸 안에 깃든 영혼까지 다스려라

"몸이 건강하듯,
영혼이 건강해야 사회가 건강하다."
–플라톤

"개구쟁이라도 좋다. 튼튼하게만 자라다오." 1970년대 유행했던 유명한 광고 문구다. 전쟁이 끝난 직후, 우리나라 어린이들은 가난 때문에 죽음의 위협에 심각하게 노출된 적이 있다. 그때는 아이들이 건강하게 잘 버텨 주는 것만으로도 부모에게 고마운 일을 한 셈이었다. 물론 건강은 인간에게는 언제나 중요하다. 올바른 식생활, 적절한 운동, 충분한 수면, 휴식을 취하고 과도한 스트레스를 받지 않고 절제 있는 생활을 한다면 누구나 건강한 몸을 유지할 수 있을 것이다. 그런데도 몸에 이상이 생긴다면, 의사의 도움을 받아 건강의 위기를 극복해야 한다.

바로 이것이 플라톤의 《고르기아스》에 등장하는 소크라테스의 건강 비결이다. 너무 상식이라 굳이 어려운 고전까지 끌어들여야 하나 싶겠지만, 한번 귀 기울여 보면 좋겠다. 소크라테스는 소피스트이자 연설 교사였던 고르기아스, 폴로스와 대화를 나누는데, 건강과 관련해 화장과 체육을 대비시킨다. 화장은 병색이 역력한 사람들도 건강하게 보이도록 만들지만, 우리의 몸을 건강하게 만들어 주는 것은 체육이다. 그래서 체육은 참된 기술이지만, 화장은 적어도 그 효과만을 놓고 볼 때는 겉만을 꾸며 그럴듯하게 보여 주는 일종의 '아첨'과도 같다고 소크라테스는 비난한다. 적어도 건강을 증진한다는 점에서는 그렇다.

비슷한 관점에서 요리와 의학도 대비된다. 의학은 인간의 병든 곳을 고쳐 건강한 몸으로 회복시키기 위해 입에 쓴 약을 만들어 주지만, 요리는 몸에 나쁜 것도 입에만 달콤하다면 주저하지 않고 만들어 낸다. 그러고는 마치 입에 달콤한 것만큼이나 몸에도 좋은 것처럼 행세한다면, 요리는 의술의 탈을 쓴 아첨인 셈이다. 물론 몸에 좋은 음식을 만들기에 힘쓰는 요리사들에게 소크라테스의 비난은 터무니없는 모함처럼 들리겠지만, '나쁜 요리'를 겨냥한 것이라면 못 받아들일 것도 없다. 소크라테스도 몸에 좋은 식재료를 사용하여 보약 같은 음식을 만드는 요리를 의술만큼이나 값진 것임을 부정하진 않을 것이다.

그런데 소크라테스의 이야기는 '몸'에서 그치지 않고 인간의 몸 안에 깃든 '영혼'에 관한 이야기로 넘어간다. 몸의 건강을 위해 체육과 의술이 필요하듯, 인간의 영혼이 건강하려면 두 가지 기술, 즉 입법과 사법이 필요하다고 한다. 이는 인간을 혼자서는 살 수 없는 사회적 존재로서 규정하며 나오는 것이다. 인간 영혼의 건강함은 사회적 틀 안에서 보장되는데, 입법은 체육이 몸을 건강하게 형성하듯, 인간의 영혼을 건전하게 만들어 주고, 사법은 의술이 병들고 다친 몸을 건강하게 회복시켜 주듯, 인간의 일그러진 영혼을 교정한다는 것이다. 이를테면 좋은 법이 세워지면 나라의 질서가 바로잡히고 사람들은 법을 지킴으로써 올바른 삶을 영위해 나갈 수 있다는 것, 그리고 죄를 지은 사람들에게 적절한 형벌을 내려 개인의 삶을 바로잡고 나라의 기강을 바로잡을 사법 체계가 건전한 시민 생활을 지켜 준다는 것이다.

반면 강자가 자신들에게 유리하게 법을 세워 놓고도 교묘한 궤변으로 대중을 현혹하고, 법을 어기고도 화려한 수사로 자신을 정당화하며 '법꾸라지'의 행태를 보인다면, 개인은 타락하고 나라의 질서는 붕괴될 것이라고 경고한다. 마음을 현혹하는 궤변은 마치 건강하게 보이는 화장과도 같고, 귀에 솔깃한 수사술은 마치 혀에 달콤한 요리와도 같다는 것이다. 이와 같은 유비(類比)의 논리를 통해 사회와 국가, 그리고 국민 개개인의 건전한 삶을 무엇으로 어떻게 지켜나가야 할지를 소크라테스는 드러내고 싶었다. 영혼의 건강함이 윤리와 도덕에 의해 평가된다면, 윤리와 도덕이 사회적 차원에서 구체화된 것이 법이라고 할 수 있으니, 소크라테스의 논리는 이해할 법하다.

### "건강한 몸에 건전한 정신이 깃들도록 기도해야 한다."

로마의 시인 유베날리스의 풍자시 10번에 나오는 유명한 구절이다. 몸이 건강하다고 해서 저절로 정신이 건강해지는 것이 아니라, 몸이 건강한 만큼이나 정신의 건강을 위해 노력해야 한다는 것이다. 영혼이 일그러지고 정신이 마비되는데도 가만히 침묵할 수 있는가? 거꾸로 영혼과 정신의 건강만큼이나 몸의 건강도 함께 돌보고 다스려야 한다는 뜻도 담겨 있다. 개인적 차원에서 육체적 건강과 사회적 차원에서 정신적 건강이 조화를 이룰 때, 우리의 행복은 보장될 것이다.

# 02

# 내 마음이 평온하면
# 세상도 평온하다

"중요한 것은 도덕적 몸과 동물적 몸의
조화와 견제이다."
–주희

살면서 내가 자연과 한 몸이라는 생각이 든 적이 있는가? 내가 평온하면 자연도 평온하다고 느낀 적은 있는가? 인간과 자연을 칼같이 나누는 근대인에게는 무척 생뚱맞은 물음이지만, 한자권의 옛사람들에게는 이상할 것 하나 없는 물음이었다. 도가의 대표자인 장자는 천지와 나는 더불어 살아가며 만물은 나와 하나라고 단언했고, 불교에서도 천지는 나와 한 뿌리이고 만물은 나와 한 몸이라고 가르쳤다.

도가나 불교와 대척점에 서 있던 유가도 예외가 아니었다. 성리학을 집대성한 주희는 "온 세상은 모두 한 형제"라는 공자의 세계관을 더욱 확장하여 《사서집주》에서 다음과 같이 잘라 말했다.

**"천지만물은 본디 나와 한 몸이어서, 나의 마음이 바르면 천지의 마음도 바르게 되고 나의 기가 순조로우면 천지의 기도 순조롭게 된다."**

주희에 훨씬 앞서 맹자는 "천지만물이 다 내게 갖추어져 있다"고 단언했다. 이들이 이렇게 단정할 수 있었음은 다름 아닌 '인(仁)', 그러니까 어짊 덕분이었다. 유가에게 어짊은 천지만물이 한 몸임을 알게 해 주고, 그들과 소통을 가능케 해 주는 도덕이었다. 어짊이라는 도덕을 갖추면 천지만물이 본래 나와 한 몸이었다는 사실을 깨닫게 되어 절로 소통하게 된다는 것이다.

그런데 천지만물과 내가 한 몸이라는 것은 어떻게 확인할 수 있을까? 옛사람들은 사람을 포함하여 만물은 기(氣)로 이루어졌다고 보았다. 순자가 명쾌하게 정리했듯이 사람이나 동물, 식물은 물론 불과 물 같은 것도 모두 기로 이루어졌다는 것이다. 맹자는 이러한 기가 만물과 나뿐 아니라 온 천지간에 가득 차 있다고 했다. 천지만물은 이렇게 기로 이루어졌다는 점에서 한 몸인 것이고, 서로 간에 기로 연결되어 있기에 한 몸처럼 느낄 수 있다는 것이다. 손과 발이 떨어져 있지만 신경으로 연결된 덕분에 한 몸으로 느낄 수 있는 것처럼 말이다.

이렇게 보면 우리 몸은 내가 천지만물과 기로써 소통하는 장소가 된다. 여기에 어짊이라는 도덕이 갖추어짐으로써 나의 몸은 천지만물과 원활히 통하게 된다. 반대로 어짊을 갖추지 못하면, 다시 말해 어질지 못하면 천지만물과 소통하지 못하게 된다. 그래서 어질지 못함을 뜻하는 불인(不仁)의 다른 이름이 '마비'였다.

물론 어질지 못하면 몸이 마비된다는 사고가 뜬금없다고 느껴질 수 있다. 살아오면서 도덕적이지 못한 선택을 하고 이를 행할 때가 사실 적지 않은데 그때마다 몸이 마비되는 것은 아니었다. 모르긴 해도 어질지 못하다고 하여 신체가 마비된다면 세상에는 몸이 성한 자보다는 몸이 성하지 못한 이가 훨씬 더 많을 것이다. 오늘날만 그러한 것도 아니라 저 옛날도 마찬가지였을 것이다. 사정이 이러한데도 왜 맹자, 순자 같은 유가는 도덕을 갖추지 못하면 몸이 마비된다고 보았을까?

인간의 몸에는 두 가지의 가능성이 담겨 있다고 보았기 때문이

1부 나는 지금, 잘 살고 있는가

다. 하나는 도덕적 몸이 될 가능성이고, 다른 하나는 기질적 몸에 머무를 가능성이다. 유가는 기질 차원에서 인간과 동물은 동일하다고 봤다. 그래서 맹자는 동물과 사람이 다른 점은 매우 적으니, 도덕의 구비 여부에 따라 인간과 동물이 나뉜다고 했다. 이러한 관점에 따르면 기질적 몸은 곧 동물적 몸이다. 또 맹자는 인간으로 태어나도 도덕을 갖추면 군자가 되고 그렇지 않으면 소인배가 된다고 했다. 소인배는 인간의 형상을 지녔지만 그 신체는 동물적인 몸이라는 얘기다. 우리가 부도덕해도 몸이 마비되지 않았던 이유가 이것이다. 우리가 도덕적 몸이 아닌 동물적 몸으로 살아가기에 그러했던 것이다.

도덕적 몸이 동물적 몸보다 우월하다는 얘기를 하는 것이 아니다. 맹자나 순자 같은 현자가 그렇게 보았다고 하여 오늘날을 사는 우리가 꼭 이를 따라야 하는 것도 아니다. 다만 그들의 통찰처럼 인간의 몸이 도덕적 몸이기도 하고 동물적 몸이기도 하다면, 더욱 중요한 것은 이 둘의 조화와 견제일 수 있다. 또한 천지만물과의 소통까지는 아닐지라도 나를 둘러싼 주변과의 소통 능력은 오늘날에도 매우 중요한 역량이다. 이래저래 귀담아 들을 필요가 있다.

# 자존

---

**나를 버티게 하는 것은
무엇인가?**

# 비정한 세상에서
# 나를 지키는 법

"신념과 원칙만이 나를 지키는 유일한 힘이다."

–아이스퀼로스

제우스는 아버지 크로노스와 삼촌이었던 티탄 신족들과 10년 동안 전쟁을 치르고 권력을 획득했다. 이 과정에서 가장 많은 도움을 준 조력자는 프로메테우스였다. 이름이 그의 각별한 능력을 담아낸다. '프로(pro)'는 '앞'이라는 뜻이고 '메테우스(metheus)'는 '생각하는 자, 지략가'라는 뜻이니, 그의 이름은 '앞을 내다보고 계책을 마련하는 자'라는 뜻이었다. 제우스와 크로노스 사이에 전쟁이 벌어졌을 때, 프로메테우스는 제우스의 승리를 예견하며 그의 편에 섰고 승리를 이룰 전략을 짜 주었다. 프로메테우스가 옳았다. 전쟁에서 제우스가 승리했고, 그는 일등 공신이 되었다.

전쟁에서 승리를 거둔 제우스는 자기 형제자매들과 함께 권력을 나누었고, 심지어 자식들에게까지 세상을 함께 다스려 나갈 권한과 자유, 책임을 분배했다. 그렇다면 프로메테우스도 한몫 단단히 챙겼을까? 아니었다. 제우스는 그를 믿지 못했다. 그의 능력이 부러웠고 두려웠다. 만약에 그가 자신을 향해 반기를 든다면, 어렵게 얻은 권력을 송두리째 빼앗길 것만 같았다. 게다가 프로메테우스는 온화하고 다정한 인품으로 신들과 인간들 사이에 신망이 높았으니, 자칫 많은 신이 제우스에게 등을 돌리고 프로메테우스에게로 갈 수도 있는 판이었다. 권력이라는 토끼를 잡은 제우스는 그 토끼를 지키기 위해 위험한 사냥개를 철저하게 팽해야 한다고 믿었다.

제우스는 프로메테우스를 잡을 함정을 팠다. 그는 인간을 괴롭혔고, 인간을 사랑하는 프로메테우스는 신들의 특권인 불을 훔쳐

불쌍한 인간들에게 주었다. 이때다 싶은 제우스는 신들에게 이 사실을 폭로하고 프로메테우스를 절도범으로 몰아붙였다. 곧바로 힘센 세 명의 신을 체포조로 보냈다. 힘과 완력의 신이 그를 붙잡아 카우카소스 산의 외지고 가파른 절벽에 밀어붙였고, 대장장이신 헤파이스토스가 절대 끊어지지 않는 쇠사슬로 그를 묶었다. 이 장면을 그리스의 비극 시인 아이스퀼로스는 《결박된 프로메테우스》에서 생생하게 그려 냈다.

제우스가 권력을 잡을 수 있도록 혼신의 힘을 다했건만, 이렇게 버려지다니 기가 막힐 노릇이었다. 게다가 모욕까지 당하니, 더는 견딜 수가 없었다. 절벽에 매달린 프로메테우스는 절규한다.

**"그렇게 내 덕을 많이 보았건만, 배은망덕하게도 신들의 폭군 제우스가 나를 이렇게 대접하다니! 친구들을 믿지 못하는 것이야말로 모든 폭정이 앓는 질병이로다."**

프로메테우스는 물러서지 않았다. 그가 제우스에게 배신당하고 외딴 절벽에 매달려 있다는 소식을 듣고 그를 찾아온 이들에게 프로메테우스는 말했다. "제우스는 후회하게 될 결혼을 할 것이며, 그의 아내는 아버지보다 더 강한 아들을 낳을 것이오. 그는 결국 그 아들에 의해 권좌에서 쫓겨날 것이오." 프로메테우스의 예언은 자신을 찾아온 손님에게 말한 것이지만, 동시에 올림포스 궁전에 앉아 있는 제우스를 겨냥한 것이었다. 프로메테우스를 예의 주시하던 제우스가 이 말을 놓칠 리 없었고, 프로메테우스는 묶여 있으면서도 이런 정황을 꿰뚫어 보고 있었다. 다른 이의 말이었다면 가슴에 담지 않았겠지만, 직접 그 위력을 경험했던 제우스는 프로메테우스의 예언을 그냥 흘려버릴 수가 없었다.

제우스는 헤르메스를 급파해 그 파멸적 결혼이 어떤 것이냐고 다그쳐 물었지만, 프로메테우스는 말하지 않고 버티며 온갖 협박에도 굴복하지 않았다. 시간이 흐를수록 제우스는 초조해졌다. 모든 것을 빼앗기고 절벽에 묶여 있는 프로메테우스가 모든 것을 다 가지고 천하를 호령하던 제우스와 맞설 수 있었던 힘은 무엇일까? 어쩌면 그 예언은 예정된 제우스의 운명을 내다본 결과가 아니라, 제우스의 불안을 읽어 낸 프로메테우스의 전략적 거짓말일지도 모른다. 하지만 권력을 빼앗길지도 모른다는 강박에 묶여 있던 제우스는 프로메테우스에게 굴복하고, 프로메테우스는 제우스의 결박에서 풀려났다. 배신당한 자의 통쾌한 복수였다. 프로메테우스는 비밀을 알려 주는 조건으로 제우스가 폭력이 아닌 원칙과 정의로 통치해야 한다는 약속을 받아 냈다.

프로메테우스는 제우스의 결박에서 풀려나면서, 자신의 신념과 원칙으로 제우스를 결박한 셈이었다. 그것이 벼랑 끝에 매달려 독수리에게 간을 뜯어 먹히던 프로메테우스에게 구원의 동아줄이 되어 준 것이다. 절체절명의 위기 상황에서 적대적인 함정에 빠져 있을 때, 여러분을 구원할 동아줄은 무엇인가?

# 04

# 누군가의 필요에
# 나를 가두지 말자

"참된 명예는 고난을 견뎌 낸 끝에 증명된다."
—사마천

오자서라는 사람이 있었다. 2500년 가까이 복수의 달인으로 일컬어져 온 인물이다.《사기》를 저술한 사마천도 오자서는 복수를 통해 자신을 성장시켰고 공명을 크게 이루었다며 아낌없이 칭찬했다.

보통 복수는 추가적 손해나 희생을 동반한다. 그래서 복수에 매몰되면 복수자의 삶도 피폐해지기 일쑤다. 오자서는 이와 정반대의 길로 복수에 성공했으니 사마천이 크게 상찬할 만했다. 그런데 오자서가 달인의 솜씨를 발휘한 것은 복수뿐만이 아니었다. '토사구팽(兎死狗烹)'을 되치는 솜씨 또한 일품이었다.

흔히 '팽'이라고 줄여 부르는 토사구팽에 대처하는 길로는 적어도 두 가지가 있다. 하나는 목적이 달성되면 미련 없이 떠나는 것이고, 다른 하나는 '팽'시킨 이에게 통쾌하게 되갚는 길이다.

첫째 길은 왠지 공허해 보일 수 있다. 장량은 한 제국을 세운 고조 유방이 천하의 패권을 거머쥘 때의 핵심 측근이었다. 그러나 그는 개국공신들이 차례대로 '팽'당하는 모습을 보고는 고조 곁을 멀리 떠나 깊이 숨어 살았다. 이를 두고 사람들은 장량이 속세를 떠나 신선이 되었다며 미화했지만 팽을 피해 떠나는 장량의 뒷모습이 쓸쓸해 보이는 것은 분명하다. 그런데 훌쩍 떠나서 멋진 여생을 보낸 이도 있었다. 범려라는 이가 대표적 예다.

그는 와신상담(臥薪嘗膽) 고사의 주인공 월나라 왕 구천이 오나라 왕 부차에게 복수할 때 큰 공을 세웠다. 그러나 같이 공을 세운 동료에게 토끼 사냥이 끝나면 사냥개가 삶아진다는 말을 남기고는 구천 곁을 표연히 떠나 타지에 정착했다. 토사구팽의 지적재산권자가 범려였음이다. 그는 그곳에서 이름을 도주공으로 바꾼 후 상업에 손대 엄청난 부를 쌓았다. 그러더니 재산을 백성에게 골고루 나눈 후 사랑하는 이와 함께 속세를 훌훌 떠났다. 훗날 상업의 신으로 추앙받기에 부족함 없는 삶이었다. 팽을 피해 떠나는 길이 꼭 공허함으로 귀결되는 것은 아님을 보여 준 셈이다.

팽을 피하는 두 번째 길은 첫째 길에 비해 많이 위험하고 고통스럽다. 억울함을 머금은 삶을 살아 내다가 무고한 죽음에 이를 가능성이 높기 때문이다. 오자서가 바로 그러했다. 그는 부차가 아버지 원수 구천을 칠 때의 일등 공신이었다. 그러나 아니나 다를까, 부차는 복수에 성공하자 바로 오자서를 멀리했다. 언제 '팽' 당해도 이상하지 않을 상황이었다. 그럼에도 오자서는 부차 곁을 지키며 직언을 게을리하지 않았다. 구천이 기필코 재기하여 복수할 것임이 확실했기 때문이다. 부차는 그런 오자서가 갈수록 거슬렸지만 무작정 '팽'시킬 수는 없었다. 그러다 드디어 빌미를 잡았다. 오자서가 자기 아들을 부차가 적대하고 있던 제나라의 유력 가문에 양자로 들였기 때문이다.

부차는 바로 오자서에게 비수를 내렸다. 자결하라는 뜻이었다. 오자서는 담담히 비수를 받아 들었다. 그리고 예언을 겸한 유언을 남겼다.

**"무덤에 가래나무를 심고 내 두 눈을 파내어 오나라 도성**

**성문에 걸어 놓아라. 내 두 눈으로 부차가 망하는 모습을 보리라. 가래나무가 자랄 때쯤 구천이 복수에 성공할 터, 이 가래나무로 구천의 관을 짜라.”**

이 말을 들은 부차는 격노했고 오자서의 시신을 강물에 버렸지만 역사는 오자서의 예언대로 펼쳐졌다. 부차는 결국 구천에게 처참하게 보복당해 죽음에 이른다. 일설에 따르면, 그는 자결하기 전 얼굴을 하얀 천으로 가리고 관에 넣어 달라고 했다. 죽어서 오자서를 볼 면목이 없다는 이유에서였다. 오자서에 대한 패배를 인정한 것이다. 오자서는 이렇게 자신의 충정을 외면하고 자기를 ‘팽’시킨 부차에게 역사라는 무대를 빌려 그 대가를 톡톡히 치르게 했다.

# 성장

머물 것인가,
넘어설 것인가?

# 05

# 안주하지 말고
# 넘어서라

"구태의연한 질서에서 벗어나려는 노력이
진정한 청춘이다."

-헤시오도스

"청춘, 이는 듣기만 해도 가슴이 설레는 말이다." 어린 시절 교과서에서 이 문장을 만났을 때, 청춘을 예찬하는 문장의 아름다움에는 소름 돋고 가슴이 떨렸지만 정작 '청춘'이라는 말 자체에는 감흥이 없었다. 어린 나이에는 '청춘이 뭘 할 수 있을까?'라고 생각했다. 이 세상을 이끌어 가는 이들은 어른들이고, 그들이 단단하게 서 있는 기존 질서 속에서 청춘은 무엇도 할 수 없다는 무력감이 압도적이었기 때문이었다. 청춘의 항의는 벽에 부딪혀 무력하게 쓰러지고, 억압에 짓눌려 묵살당하기 일쑤였던 탓이다.

젊다는 건, 가능성으로 충만하지만 아직 체제의 주역이 아니라는 뜻이다. 태어나자마자 우리가 속해 있는 기존의 체제는 안전한 보호망처럼 행세하지만, 점점 그것이 불편해진다. 젊다는 건 어쩌면 기존 체제에 불만을 품는다는 뜻일 수도 있다. 반대로 나이가 들었다는 건, 기존 질서의 실세이거나 그에 길들고 무력하게 순응하고 있음을 의미한다. 그래서 박차고 나갈 수 있는 힘이 청춘일 수밖에 없다. 청춘이면서 기존 질서에 순응하고 새로운 도전을 포기한다면, 설령 그 안에서 잘 적응해 승승장구한다 해도 진정한 의미의 청춘이라 할 수는 없는 셈이다. 기존의 벽을 넘거나 무너뜨리고 새로운 질서, 새로운 시대를 만들어 내려고 할 때 비로소 청춘인 것이다.

이런 의미의 청춘이 어떠한 것인지를 잘 보여 주는 것은, 서구인들의 저력을 구성한 그리스신화일 것이다. 그에 따르면, 태초에 세계를 지배한 것은 대지의 여신 가이아였다. 그러나 그녀의 아들

우라노스(하늘의 신)는 그녀가 세운 질서를 딛고 일어나 군림하면서 새로운 시대를 열었다. 그리고 우라노스의 체제는 다시 그의 아들 크로노스(시간의 신)의 도전에 순식간에 무너졌다. 매복해 있던 크로노스는 아버지가 어둠을 끌어내리며 땅으로 내려오는 순간, 번득이는 불멸의 낫을 휘둘러 아버지를 거세했다. 피투성이가 된 우라노스는 역사의 뒤안길로 달아나야만 했다.

이렇게 그리스신화에 그려진 신들의 역사는 기성세대와 새로운 세대의 갈등과 싸움으로 채워져 있다. 그것은 상상 속의 이야기에 그치지 않고 인간 역사를 비추는 거울이 된다. 역사를 잘 들여다 보면, 어느 지역의 어느 민족이든 발전하고 지속되는 역사는 그리스신화 속 신들의 역사와 크게 다르지 않아 보인다. 그러나 그리스인들이 놀라운 것은 세대 갈등의 역사와 인간 삶의 진실을 감추지 않고 적나라하게 드러내며 사회적 담론과 교육 콘텐츠의 핵심으로 삼았다는 데 있다.

계속 이야기를 따라가 보자. 아버지를 거세하고 새로운 패권자가 된 크로노스는 누이인 레아와 결혼해 자식 다섯을 낳았다. 그러나 크로노스는 자식들이 태어나는 족족 삼켰다. 자식들이 자라서 자신을 밀어내고 권력을 빼앗을까 봐 두려웠기 때문이었다. 여기에도 역사적 진실이 상징으로 새겨져 있다. 이 잔혹한 이미지는 새로운 세대를 자신의 틀 속에 가둬 두려는 기성세대의 보수적 특징을 강렬하게 보여 준다. 마지막으로 태어난 여섯째만은 레아가 몰래 빼돌렸다. 크로노스는 레아가 아이 대신 돌덩이를 강보에 싸서 주자, 그것을 갓 태어난 아이라 생각하고 삼켰다. 이렇게 빼돌려진 아이는 크레타섬 동굴 안에서 친절한 요정들의 보호를 받으며 무럭무럭 자라났다.

그러던 어느 날, 자신의 출생 비밀을 알게 된 청년은 깊은 고민에 빠졌다.

**"아버지가 삼킨 형제자매를 꺼내서 새로운 세상을 만들 것인가, 아니면 동굴 속에 숨어 지내며 편안하게 살 것인가?"**

세상을 지배하는 절대 권력자인 아버지에게 도전했다가 실패한다면 그 처절한 응징을 어떻게 감당할 수 있을까? 현실에 안주하고 싶은 유혹, 도전에 대한 피로감과 두려움, 실패에 대한 공포로 고민하던 청년은 마침내 아버지에게 도전할 용기를 냈다. 기존 질서에 안주한다면 새로운 세계, 나의 시대를 열 수 없다는 결단이었다. 진정한 용기는 두려움을 모르는 것이 아니라, 두려워해야 할 것을 두려워하면서도 그것을 끝내 이겨 내는 힘에서 나오는 것임을 청년은 여실히 보여 주었다. 청년은 아버지를 찾아가, 아버지 배 속에 갇힌 형제자매를 모두 구해 낸 후 아버지 세력을 몰아내고 새로운 권력자가 됐다. 그가 바로 그리스신화의 최고 신, 제우스였다.

헤시오도스가《신통기(또는 신들의 계보)》에서 그려 낸 그리스신화는 그리스의 젊은이들에게, 서양의 다음 세대 젊은이들에게,

크로노스의 낫은
아버지를 죽인 무기가 아니라,
시간을 열어젖힌 첫 번째 칼날이었다.

그리고 지금의 우리에게까지 말한다. 기존 질서에 안주하고 도전하지 않는 자는 자신의 시대를 만들 수 없다고. 역사는 새로운 세대의 도전으로 만들어진다고.

청춘, 그것은 단순히 나이로 정의되는 것은 아니다. 새로운 시대를 위한 도전, 그것에 의해 정의되는 것이 진정한 청춘이다. 그것이 바로 인류 역사를 만들어 낸 동력이다. 얼어붙은 땅을 뚫고 파릇하게 돋아나는 새싹이 봄을 열고 온 세상에 생기를 불어넣듯, '푸르디푸른 봄' 청춘으로 살아갈 일이다.

# 06

# 현실을 직시하고
# 앞으로 나아가라

"신청년, 미래를 빚어내다."
-양계초

양계초는 근대 중국의 선각자로, 20세기 전환기 조선에도 큰 영향을 미쳤던 인물이다. 그는 19세기 마지막 해라고 여겨지던 1899년 말, 선망의 대상이었던 미국을 향한 배에 몸을 실었다. 훗날 '100일 유신'이라고도 불린 서구 근대식 정치 개혁에 실패한 뒤 도망치듯 일본으로 망명한 지 1년 남짓한 때였다.

며칠 후 그는 선상에서 20세기의 첫해를 맞이했다. 그는 태평양, 그 일망무제(一望無際)의 대양 한복판에 서 있었다. 그의 입에서는 장쾌한 시구가 흘러나왔다. "신구 두 세기의 경계선, 동서 두 반구의 한가운데!" 1900년 1월, 하와이로 향한 선상에서 읊은 〈20세기 태평양가〉의 한 대목이다. 육신은 뱃전에 있었지만, 정신은 시간을 100년 단위로 아우르며 온 지구를 조망하는 위치에서 자신이 서 있는 곳이 어디인지를 웅장하게 꿰뚫고 있었다.

"청년 중국에 대하여"라는 뜻의 〈소년중국설(少年中國說)〉은 이러한 그의 정신이 빚어낸 강렬한 호소였다. 이 글에서 양계초는 노년과 청년을 다양한 각도에서 대조한다. 그는 "노인은 늘 과거를 생각하고 청년은 늘 미래를 생각한다. 과거만을 생각하기에 연연해하는 마음이 생기고 미래만을 생각하기에 희망이 생긴다"는 식으로 구도를 짠 후 다양한 대구를 동원하여 양자의 속성을 통찰했다. 판에 박힌 대비이지만 노인 쪽에는 보수적, 수구, 관례, 나약함, 저녁노을, 고인 물 등을 배치하고, 청년 쪽에는 진취적, 일신, 파격, 씩씩함, 뜨는 해, 흐르는 물 등을 안배했다. 그런가 하면 '비쩍 마른 소' 대 '어린 호랑이', '아편 연기' 대 '브랜디 술'과 같이 노년을 다소 짠하게 비유하기도 했고, '다른 별의 운석' 대 '대양의 산호섬', '이집트 피라미드' 대 '시베리아 철도' 같은 색다른 대비도 제시했다.

그러나 양계초가 가장 하고 싶었던 대비는 '세계를 파멸시킴' 대 '세계를 창조함'이었던 듯싶다. 그가 세기 전환기이자 문명 전환기의 한가운데서 청년을 소환한 까닭은 노쇠한 중국을 갈아엎은 자리에 '청년 중국'을 세우고자 염원했기 때문이다. 그래서 "일을 귀찮아하고 할 수 있는 일이 없다"며 투덜대는 노년 대신에 "일하기를 좋아하고 하지 못할 일이란 없다"며 일을 즐기는 청년을 불러냈던 것이다. 다만 안타깝게도 양계초의 호소는 청년 중국의 탄생으로 이어지지는 못했다.

그렇게 15년 남짓 흘렀을 즈음, 중국 사회에 '신청년(新青年) 신드롬'이 불었다. 1916년 일군의 젊은 선각자들이 〈청년잡지〉라는 저널을 창간하여 세상의 이목을 집중시키더니 이내 제호를 '신청년'으로 바꾸었고, 중국의 근대적 개혁을 열망하는 시대정신과 호응하며 중국 현대사의 일대 혁신을 일구어 냈다. 〈신청년〉은 정치와 경제·사회·문화 전반에 걸쳐 새로운 중국 건설을 위한 사유와 제언, 상상의 플랫폼으로 기능하게 되었고 사회적 실천의 장이 되었다. 덕분에 오늘날 〈신청년〉은 잡지이면서도 어엿한 고전의 하나로 대접받고 있다. 그런데 당시 선각자들은 이름을 왜 '청년잡지'에서 '신청년'으로 바꾸었을까? 무슨 이유로 '청년'을 '신청년'으로 대체했던 것일까?

양계초가 불러내고자 했던 청년은 청년 중국을 빚어낼 '청년' 이었다. 하지만 당시 중국 현실에는 노년 중국의 청년, 곧 '노청년 (老靑年)'이 다수였다. 생물학적 연령으로는 청년인데 늙고 낡은 중국에 물들다 보니 양계초가 꼽았던 청년의 덕목을 미처 지니지 못한 청년이었다. 새로운 세상을 창조하기는커녕 그나마 남아 있던 선함마저 함께 파괴하는 청년이었다. 청년 중국을 창출하기 위해서는 '노청년'과 구분되는 새로운 청년이 필요했던 까닭이다. 청년 중국을 주조할 새로운 청년으로서의 '신청년'은 그렇게 변혁의 현장으로 소환되었고 새로운 중국을 창출하는 심장으로 거듭났다.

결국 청년을 청년답게 하는 것은 문제적 현실을 혁파하고 한층 나은 미래를 빚어내는 힘의 구비였다. 그래서 청년은 생물학적 젊음을 지닌 '청춘으로서의 청년'을 넘어 새로운 삶을 빚어가는 사회적 젊음을 지닌 '대안으로서의 청년'으로 발돋움해 갈 수 있다. 선거 때마다 청년세대에 집중되는 정치권의 구애는 단지 표를 얻기 위함이 아니라 마땅히 청년의 이러한 힘에 대한 존중이어야 하리라.

# 배움

---

**놀이는 배움의 깊이를
방해하는가?**

# 07

# 비울 줄 아는 것도
# 공부다

"향기로운 향 가득한 신전으로 오소서."

–사포

월요일 아침부터 금요일 저녁까지 열심히 살다 보면 피로감이 몰려온다. 생존 경쟁과도 같은 나날이다. 조금만 긴장을 늦춰도 일이 잔뜩 쌓이고, 경쟁에서 밀릴 것만 같다. 어디 그뿐인가? 정치·경제·사회의 여러 문제들, 세계 곳곳에서 일어나는 재앙과 전쟁의 소문들, 불확실한 현재와 미래가 사람들을 모두 지치게 한다.

이 모든 것을 지우고 단 얼마만이라도 편안히 쉬고 싶은 마음이다. 불쑥 라틴어 '바카레(vacare)'가 떠오른다. '텅 비어 있음'이라는 뜻의 이 단어는 우리가 '바캉스(vacances)'라고 부르는 말의 뿌리다. 이는 번잡한 일상과 복잡하게 얽힌 관계의 그물망에서 벗어나 누적된 피로와 긴장감을 덜어내 나를 텅 비워 내는 여유의 시간을 가리킨다. 나를 비워 내지 않고는 견딜 수 없는 상태라고 느낄 때, 모든 것을 훌훌 던지고 어디론가 떠나는 시간 같은 비움의 계기가 없다면 삶을 어떻게 견딜 수 있겠는가.

로마인들은 이런 여유와 한가함의 시간을 '오티움(otium)'이라 불렀다. 키케로는 공동체의 부름에 응해서 일하는 직무, 즉 '오피키움(officium)'과 함께 '오티움'의 중요성을 강조하며 그 둘의 균형이 삶을 알차게 꾸려 나가는 지혜라고 생각했다. 일에서 벗어난 한가한 시간 동안 그는 자연을 벗 삼아 유유자적하며 사색과 독서에 잠겼고, 그것이 새로운 직무를 수행할 수 있는 힘이 되었다고 한다.

고대 그리스인들은 아예 공부를 한다는 일 자체가 한가함을 전제로 한다고 생각했다. 죽어라 일만 해야 하는 노예나 일반 서민들에게 한가할 틈은 없다. 노동에서 벗어난 사람만이 책을 읽고 토론하는 지적인 활동을 할 수 있기에 '학교'라는 것이 곧 '한가함'을 뜻했다. 그리스 말로 한가함을 '스콜레(scholē)'라고 했는데, 이것이 로마에서는 스콜라(schola)가 되었고 영어에서는 스쿨(school)이 되었다. 공부가 곧 여유 있는 사람들의 한가함과 통한다는 뜻이다. 먹고사는 일에 매달려야 한다면, 학교를 어떻게 가겠는가. 하지만 지금은 사정이 완전히 달라졌다. 학생들에게 공부를 하는 일이 고된 노동처럼 여겨지고, 미래의 직업을 얻기 위한 예비 단계로 굳어져 치열하고 고단한 경쟁으로 간주되고 있기 때문이다. 정작 노동에서 벗어난 한가함으로서의 공부는 어디론가 사라져 버린 것 같다.

공부는 물론 어떤 일이든 쉬지 않고 무리하게 계속하면 병이 날 수도 있다. 일에서 벗어나 한가함을 누리는 것, 모든 것을 비우고 유유자적하는 시간이 절실하게 필요하다. 자유 시간을 통해 우리는 더 열심히 일할 수 있는 힘도 얻는다. 일에 초조해하지 말고 잠시 손을 놓아 보자.

그리스의 시인 사포는 우리를 자연으로 초대한다. 그녀는 아프로디테 여신을 부르고 있지만, 사실은 그녀가 있는 그곳으로 우리를 초대하고 있는 것이 분명하다.

**"이리로, 이곳 신성한 신전으로, 여기에**

사랑스러운 사과나무 숲을 이루고
순결한 불에 타는 향기로운 향 가득한
신전으로 오소서.

여기에 차가운 이슬이 사과나무 가지를
타고 흐르고, 풀밭에 무성한 장미 넝쿨
그늘을 드리우고, 졸음이 윤기 흐르는
잎에서 듣고

여기에 말을 먹이는 풀들이 무성하고
봄을 맞는 꽃들로, 바람은 달콤한 향기를 전하고 (…)

여기로 오소서. 키프로스를 다스리는 아프로디테여
축제의 즐거움으로 가득한
신의 술을 황금 잔에 채우시고 우리 위해
술을 따르소서."

# 08

# 공부하면서 놀고, 놀면서 공부하다

"최고의 배움 대상과 놀 줄 알아야 한다."

-공자

## "배우고 때때로 익히면 또한 기쁘지 아니한가?"

공자의 어록인 《논어》의 첫 구절이다. 역시 유가답게 공부 이야기로 시작한다. 공자는 가히 공부의 달인이었다. 그는 나만큼 배우기를 좋아하는 이는 없다고 자부하며 '호학(好學)', 곧 배우기 좋아함을 평생 지녀야 할 윤리적 태도로 제시했다.

세 사람이 길을 가면 반드시 스승이 있다면서 자기보다 나은 이에게는 그 나은 바를 배우고 못난 이에게는 그 못남을 반면교사(反面教師)로 삼아 자신을 고쳐 나가면 된다고까지 했다. 이렇게 하면 누구를 만나든 늘 배울 수가 있다. 그만큼 배우기에 열심이었다. 그렇다 보니 먹을 때 배부름을 구하지 않고 거처함에 편안을 도모하지 않으며, 일 처리에 민첩하고 말을 삼가며 진리로 나아가 스스로를 바로잡는 것, 그러니까 먹고 지내고 일하고 말하며 수양을 하는 모든 것을 호학의 실천으로 제시하기도 했다.

그런데 공자가 공부의 최고봉으로 친 것은 '배움(學)'이 아니라 '놂(游)'이었다. 놂은 '놀다'의 명사형으로 공자는 "육경에서 논다"라고 함으로써 공부의 최상급 경지를 '배우다'가 아닌 '놀다'라는 동사로 가리켰다. 육경은 유가의 최고 경전을 가리킨다. 유가에서는 최고의 배움 대상이다. 공자는 그러한 최고의 배움 대상과 놀 줄 알아야 한다고 권유한 것이다. 우리가 공부하기와 반대되는 행위로 알고 있는 놀기를 공자는 최고의 공부를 가리키는 행위로 사용했음이다.

사실 공자뿐이 아니었다. 사사건건 공자 학설에 시비를 걸었던 도가에서도 놂은 무척 중요시됐던 공부법이었다. 이는 도가의 대표적 고전인 《장자》의 첫 장 제목이 '소요유(逍遙遊)'인 데서도 잘 드러나 있다. 소요유는 '소요하면서 논다'라는 뜻으로, 인위적 욕망으로부터 벗어나 자연처럼 지내며 노는 것을 가리킨다. 도가가 표방하는 최고의 진리를 실천하기 위한 공부법으로 놂이 제시된 것이다.

그러면 공부법으로서의 놂이라는 것은 무엇일까? 여러 논의가 가능하지만 이렇게도 단순화할 수 있다. "공부하면서 놀고 놀면서 공부하다"가 그것이다. 공자나 장자 모두가, 그러니까 유가나 도가 모두가 최고의 공부법으로 제시한 놂이 무언가 고차원적이고 고상한 공부법이 아닐 수 있다는 얘기다.

그런데 여기서 공부와 놀기는 상충하는 활동인데, 이 둘을 동시에 한다는 것이 어떻게 가능한가라는 의문이 들 수 있다. 그래서 앞서의 말은 이렇게 이해할 필요가 있다. 공부와 놀기는 균형 있게 한다는 것으로 말이다. 공부와 놀기는 상충되는 활동이므로 자칫 이도 저도 아니게 될 수 있다. 그래서 균형이 중요하다. 균형을 잡으면서 공부와 놀기를 병행하는 것이 곧 놂이라고 이해하면 된다.

여기서 공부를 일로 바꾸어 보자. 공자나 장자 시절에 식자층에게 공부는 곧 일이었고, 오늘을 사는 우리는 모두가 식자층이므로 이러한 바꾸어 읽기는 유효하다. 그러면 일과 놀기의 균형

1부 나는 지금, 잘 살고 있는가

을 잡는 것이 곧 놂이라는 식의 응용이 가능하고, 놂은 몇 년 전부터 우리 사회에서 종종 운위되는 '워라밸(work life balance)', 그러니까 일과 개인의 삶 사이의 균형을 중시하는 풍조와 만나게 된다. '저녁이 있는 삶'이라는 표어나 '욜로(YOLO)', '파이어(FIRE)' 같은 사회적 현상과도 만난다. 놂이란 게 저 옛날에나 가능했던 활동이 아니라 오히려 지금 우리에게 더 필요한 활동일 수 있다는 의미이다.

하여 놂의 역량을 갖추는 것이 필요하다. 지금 한창 진행 중인 4차 산업혁명으로 대변되는 디지털 대전환을 봐도 그러하다. 인공지능과 로봇 기술의 진보가 가공할 속도로 지속되고 있다. 이에 일군의 논자들은 '노동 없는 인간'이라는 화두를 던지기도 한다. 게다가 100세 시대라는 말이 일러주듯이 생명이 연장되고 있다. 반면에 기계는 결코 늦지 않은 속도로 인간 노동을 대체하고 있다. 이로 인한 노동 시간의 단축, 여가 시간의 확대 같은 일련의 변화가 연쇄적으로 일어나고 있다. 놂의 역량을 갖추는 것이 무엇보다도 중요한 시절이 다가오고 있다. 아니, 이미 실현되고 있다.

# 카르페 디엠

인생의 의미란 무엇인가?

# 09

# 찬란한 오늘을 즐겨라

"짧은 인생에서 긴 희망은 잘라 버려라."
-호라티우스

트로이아 전쟁을 목마 작전으로 끝낸 그리스의 영웅 오디세우스는 승리의 영광을 안고 집으로 개선하지 못한 채로 10년을 떠돈다. 그런데 그중 7년을 오기기아 섬(지금의 몰타 섬 서북쪽에 있는 고조 섬)에 갇혀 있었다. 칼립소라는 매혹적인 여신이 그를 남편으로 삼으려고 붙들고 있었던 것이다. 그러나 오디세우스는 집으로 돌아가고 싶어 했다. 여신은 이해할 수가 없었다. 그녀는 오디세우스를 붙들기 위해 매일 진수성찬을 베풀었고, 밤마다 아름다운 자신과 나누는 사랑도 달콤하다 생각했기 때문이다.

그녀는 물었다. "그대가 원한다면 난 그대에게 영원한 젊음을 유지하며 살게 할 수도 있다. 비교해 보라. 그대의 아내가 아무리 아름답다 해도 여신인 나만 하겠는가?" 그녀의 말은 일리가 있다. 그녀 품을 떠나는 순간, 그는 폭풍에 일렁이는 바다에서 고생을 하다 죽을 수도 있다. 설령 무사히 집으로 돌아가 그리워하던 아내를 만난다 해도, 그녀는 이미 중년의 나이로 접어든 상태다. 그리고 그들은 시간이 흘러감에 따라 늙고 언젠가는 죽을 것이다. 그런 필멸의 삶이 영원히 아름다운 여신과 영원히 풍요롭게 사는 삶과 비교가 되겠는가! 그러나 오디세우스는 떠나겠다고 단호하게 말한다. 영원한 삶보다는 시작과 끝이 있는 유한한 삶이 더 좋다는 것이다. 죽음으로 끝나기에 한순간 한순간이 인간의 삶에서 소중하다. 무한한 시간 속에서 그 어떤 순간도 특별히 찬란할 수 없는 신들의 삶보다 더 좋다는 것이다.

인간의 존재는 죽음으로 끝난다. 끝이 있기에 아름다운 인생이다. 신이 갖지 못한, 인간만이 가지고 있는 유일한 것, 그것은 죽음이다. 죽음을 기억하면, 인생의 순간순간의 가치를 새롭게 깨달을 것이다. 로마의 시인 호라티우스는 말했다. 오늘을 즐기라고. 카르페 디엠(Carpe diem). 지금 여기 내가 누리는 순간순간을 놓치지 말라고. 그것이 얼마나 찬란한 것인지를 잊지 말라고.

**"그대 묻지 마라, 아는 것이 불경이니. 나에게, 그대에게
신들이 어떤 종말을 주게 되는지, 레우코노에여, 바빌론의
점성술에 기대지 마라. 뭐든 견디는 게 얼마나 더 좋은가?
더 많은 겨울을 유피테르가 허락하든, 아니면 지금
티레눔 바다를 맞선 바위로 힘을 빼는 이 겨울이 끝이든,
현명함과 술을 흐르게 하라. 짧은 인생에서
긴 희망은 잘라 버려라. 샘 많은 세월은 말하는 사이에도
달아나지 않는가. 내일은 최대한 조금만 믿고,
오늘을 즐겨라."**

영화 〈죽은 시인의 사회〉(1989)에서 키딩 선생님이 학생들에게 속삭이듯 했던 그 유명한 말이 호라티우스의 서정시 마지막 구절에 담겨 있는 것이다. 젊은 시절 친구들, 선후배들과 어울려 술 마시며 '노세, 노세, 젊어서 노세, 늙어지면 못 노나니' 노래 부르면서 외쳤던 말이었다.

로마의 격동기에 카이사르는 로마공화정을 무너뜨리고 황제

가 되어 제국의 주인이 되고 싶었다. 그러나 그의 정치적 야망은 공화정을 사수하려는 브루투스의 칼에 난도질을 당했다. 다시 로마는 격한 혼란에 빠졌다. 호라티우스는 로마공화정의 이상을 품고 브루투스와 함께 무장했다. 그러나 그의 꿈 또한 좌절되었다. 로마는 결국 제국이 되었고, 카이사르의 양아들 아우구스투스가 황제가 되었다. 파란만장한 삶을 살면서 산전수전 다 겪은 호라티우스가 깊은 깨달음 끝에 이 시를 썼으리라.

호라티우스도, 아우구스투스도 모두 죽었고, 그 시대는 지나갔다. 우리의 시대도, 우리도, 그렇게 다 지나갈 것이다. 기쁨도 슬픔도, 고통도 환희도, 도도히 흐르는 시간 속에서 한여름 밤 꿈처럼 지나갈 것이다. 흩어질 것이다. 메멘토 모리(Memento mori), 죽음을 기억하라. 그리고 내 곁의 사람들과 함께 지금 여기 이 시간을 소중하게 아끼며 즐겨라. 카르페 디엠. 오곡백과 무르익는 가을에, 모든 시련을 이겨 내고 붉게 익은 사과를 따서 한입 가득 아삭 씹어 먹듯이, 그렇게 오늘을 맛있게, 행복한 마음으로 누릴 수 있기를.

# 10

# 이 순간을
# 영원처럼 붙잡아라

**"지금의 봄밤을 즐기며 시와 우정을 나누라."**

–이백

희망은 용기를 먹으며 자라난다. 희망을 품기 참으로 어려운 시절임에도 희망을 노래하는 이들이 끊이지 않음은 그들이 용기를 잃지 않았기 때문이다. 용기는 현실을 직시할 수 있는 힘을, 사실을 책임질 수 있는 힘을 안겨 준다. 희망은 이러한 힘을 거름 삼아 피어난다. 그러면 용기는 무엇을 먹으며 자라나는 걸까?

예로부터 그 가치가 강조되어 온 '놂'은 용기를 배양하는 원천의 하나였다. 용기는 본래 무언가를 기어코 이룩해 내는 힘을 가리켰다. 그래서 공자는 "어진 이에게는 반드시 용기가 있다"고 단언했다. 어진 이는 용맹하거나 용감하기 마련이라는 뜻이 아니다. 어짊이란 덕목을 끝까지 이루어 내는 힘을 지녔기에 어진 이가 될 수 있었다는 얘기다. 그 힘이 바로 용기다.

놂은 그러한 용기를 빚어내 준다. '놀이하는 인간(homo ludens)'이란 말처럼, 사람이 다른 존재와 달리 문명을 일구어 낼 수 있었던 까닭은 놀 줄 아는 힘을 지닌 덕분이었다. 문명은 지금보다 더 나아지겠다는 희망을 품고 이의 실현을 위해 끝까지 노력할 때, 그러니까 용기를 발휘할 때 비로소 형성되고 진전된다. 놂이 그러한 문명을 빚어냈다고 했으니, 놂에는 희망과 용기를 길러 내는 힘이 내장되어 있었던 것이다. 그만큼 놂은 대단했다. 예로부터 놂을 다룬 글이 적지 않은 이유이자 명시와 명문 가운데 놂과 연관된 것이 유독 많은 까닭이다.

당나라의 대시인 이백이 지은 〈춘야연도리원서〉도 그중 하나다. '봄밤 복사꽃 오얏꽃 핀 정원에서의 연회에 붙인 서문'이라는 제목의 이 글에는, 이백이 고향을 떠나 타지를 떠돈 지 6년여 만에 만난 아우들과 어느 봄날, 복사꽃과 오얏꽃이 흐드러지게 핀 정원에서 연회를 즐겼을 때의 감회가 오롯이 담겨 있다. 술술 풀어놓는 오랜 회포에 형제의 정은 갈수록 깊어지고, 달이 뜨자 주위를 가득 채운 복사꽃 잎과 오얏꽃 잎은 말간 달빛을 투사하며 화사함을 뽐내고 있었다. 아우들이 흥에 겨워 시를 읊조리는데 하나같이 형인 자신보다 뛰어나니 기꺼운 마음이 한없이 커져만 갔다.

그렇게 풍성한 주연상에 꽃을 마주하고 앉아 술잔을 돌리며 달빛 아래 취해가는 순간, 문득 "옛사람들이 촛불 들고 밤늦게까지 놀았음에는 다 까닭이 있어서였구나!" 하는 깨달음이 뇌리를 스쳤다. 수백 년 전 선인들이 "낮은 짧고 밤이 긴데 어찌하여 촛불 들고 놀지 않는가!"라고 읊은 시구가 온 마음에 진동하였다.

### 하불병촉유(何不秉燭遊)
### "어찌하여 촛불을 들고 놀지 않는가."

이 일갈은 지금 이 순간을 즐기라는 고대 중국판 '카르페 디엠'의 선언이었다. 이백은 아우들과 함께 놀이 절정으로 치닫는 순간 이 선언의 참뜻을 깨닫고는 전율했던 것이다.

그것은 인생 얼마 안 되니 즐길 수 있는 대로 즐기자는 값싼 욕망의 발로가 결코 아니었다. 서로가 서로에게 위안이 되고 도움이 되며 기쁨이 되는 이 순간이, 이 자리가 영원히 지속되었으면 하는 절실한 바람이었다. 이백이 인생은 한바탕 꿈과 같다며 탄식한 까닭도 이렇게 서로에게 힘이 되고 즐거움이 되는 순간과 자리가 얼마 안 되는 데서 오는 야속함의 표출이었다. 그렇기에 이 순간, 이 자리에서의 놂은 더욱더 값졌다. 덕분에 사회가 주는 고통을, 자연이 주는 상처를 버티며 고단한 삶을 살아가는 데 동력이 되는 희망과 용기를 품을 수 있었다.

유난하고 다사다난한 시간을 살고 있는 우리가 희망과 용기를 다시 품는 놂의 시간을 갖기를 소망해 본다.

# 언더독

---

약자는 언제 판을
뒤집을 수 있는가?

# 11

# 가장 낮은 곳에서
# 가장 위대하게

"위대한 언더독의 반란, 그가 올해도 온다."

–신약성서

인류의 역사에서 영원한 승자는 없다. 승승장구하며 정상에 섰던 개인과 집단은 그들이 무시하고 짓밟았던 '밑에 있던 개'들에게 물려 힘을 잃고 말았다. 역사란 도전과 응전의 연속이라고 하는데, 언더독(underdog)과 오버독(overdog) 사이의 끊임없는 투쟁이라고 풀 수 있다. 그렇다면 인류 역사에서 최대의 '언더독 반란'은 무엇일까?

서양 역사에서 지중해를 '우리의 바다(mare nostrum)'라고 부른 나라는 로마제국이 유일하다. 그런데 로마제국도 언더독의 반란으로 세워졌다. 늑대의 젖을 먹고 자라난 로물루스가 세운 로마는 인구 10만도 채 되지 않는 작은 나라였다. 이탈리아반도 중부의 작은 고을에 불과했던 로마는 주변의 강력한 나라들을 정복한 뒤, 당시 지중해 세계를 양분하며 지배하던 동쪽의 그리스와 서쪽의 카르타고를 제압하고 양쪽 날개를 활짝 펴며 지중해 전체를 둘러싸는 거대한 제국으로 우뚝 선 것이다. 가히 지중해 세계의 가장 대표적인 언더독 반란의 사례다.

로마제국을 세우고 최초의 황제로 등극한 아우구스투스가 '지상의 유피테르(제우스)'로 군림하며 위세를 만천하에 떨쳤을 때, 로마 밑에 수많은 언더독이 새롭게 생겼다. 바로 그 무렵, 인류 역사상 가장 위대한 언더독의 반란이 싹텄다. 로마제국의 한 식민지 이스라엘의 아주 작은 마을 베들레헴에서 한 아이가 태어났다. 부모의 신분은 보잘것없었다. 아버지는 목수였는데, 사실 아내가 낳은 아이는 그의 아들이 아니었다. 신비로운 '혼외자'였다.

그가 이스라엘의 왕이 되어 사람들을 구할 메시아가 되리라는 '터무니없는' 소문이 나도는 바람에, 그의 또래들은 아무 잘못도 없이 갓난아이 상태로 학살을 당해야 했다. 그때 그가 할 수 있는 일은 아무것도 없었다. 부모의 품에 안겨 이집트로 피신하는 것이 전부였다.

어른이 되어서도 그는 민족의 구원자로서 사람들의 기대에 부응하지 못했다. 로마가 지상에 거대한 제국을 세우며 확장해 나갈 때, 그가 설 땅은 전혀 없어 보였다. 그는 지상이 아닌 하늘에 왕국을 세운다는 '황당한' 선언을 할 뿐이었다. 그것이 로마제국에 대한 반란이 될 수 있었을까? 하지만 그 '정신승리적' 반란도 성공하지 못했다. 무력하게 체포된 그는 십자가에 매달려 잔혹하게 처형당했다.

그러나 그것이 끝이 아니었다. 철저하게 짓밟힌 언더독의 위대한 반란이 시작되는 진격의 서막이었다. 그는 죽음을 이겨 내고 부활했고, 그가 세우기로 약속한 하늘나라로 승천했으며, 언젠가는 다시 내려와 천하의 왕으로서 세상을 심판한다는 소문이 로마제국의 구석구석, 사람들 사이사이로 퍼져 나갔다. 세속적 욕망에서 벗어나 그의 가르침에 따라 공의와 사랑을 실천하며 사는 선한 사람들만이 그의 왕국, 하늘나라의 시민이 될 수 있다는 믿음이 끝내 로마제국을 집어삼켰다. 로마가 그 믿음을 국교로 선포했던 것이다. 그리고 지금까지도 그 믿음은 세상 사람의 수많은 정신을 지배하고 있다.

매년 그는 세상에 상처받고 아파하는 수많은 언더독의 마음을 위로하는 희망으로서 우리 곁으로 온다. 누가(Loukas; Luke)는 이렇게 기록했다. "하늘엔 신께 영광이요, 땅 위에는 사람들 중에 평화로다." 그의 이야기가 사람들에게 따뜻한 위안이 될 만큼 세상은 언제나 고통스러웠던 모양이다. 그가 이 세상에 원했던 것은 평화였다.

그러나 그에 대한 신앙은 '노예의 종교'라고 비판받았다. 세상의 고통은 힘 있는 자가 불합리하게 약자를 핍박할 때 생기는 것이다. 고통을 극복하기 위해서는 약자들이 힘을 합해 강자들에게 도전하고 불합리한 세상을 깨뜨려 새로운 세상을 만들어 나가는 투쟁을 해야 한다. 하지만 예수는 그런 투쟁을 이야기하지 않고 하늘나라에 대한 헛된 소망을 품고 세상에, 강자에 노예처럼 순응하게 만든다고 비판하는 것이다. 그럼에도 불구하고 예수의 이야기는 수많은 사람에게 위안과 희망을 주며 사랑의 가치를 깨닫게 한다. 그 힘을 깊이 통찰해 보며 삶과 사회를 돌아보는 것도 좋겠다.

무엇보다도 언더독은 용기를 내야 한다. 사회 전체가 그 용기를 따뜻하게 격려하며, 함께 나아갈 수 있는 공존의 길을 찾아 나갈 때 세상은 더욱 아름다워지지 않겠는가.

# 12

# 스스로 한계를
# 짓고 가두지 말라

**"용기는 무언가를 일구어 내는 역량이다."**

-공자

100년 가까이 치러진 역대 월드컵 가운데 2022년의 카타르 월드컵은 여느 대회보다도 흥미진진했다. 포르투갈을 꺾고 16강에 진출한 한국을 비롯해 벨기에와 포르투갈을 연파하고 4강에 오른 모로코, 아르헨티나를 꺾던 사우디, 독일과 스페인을 거푸 잡은 일본 등 이른바 '언더독'이 펼친 극적인 반전 덕분이었다.

특히 우리의 16강 진출은 더없이 감동적이었다. "중요한 건 꺾이지 않는 마음"이 고스란히 느껴졌다. 그 마음은 지난날 우리 축구의 동력이었던 "하면 된다", "안 되면 되게 하라" 유의 정신력과는 분명히 달랐다. 누가 시켜서가 아니라 '스스로' 간절히 원했기에 했고, 그 절실함으로 얼마 안 되는 확률을 현실로 빚어냈다. 언더독의 반전이 그저 이번에 그치지 않은 까닭이다.

꺾이지 않는 마음은 자신의 한계를 긋는 태도와 무관하다. 공자는 시도조차 않은 채 불가능하다고 물러나는 태도를 스스로 한계를 짓는 행위라며 질타했다. 훗날 맹자는 이를 "자포자기(自暴自棄)"라고 표현했다. 공자는 스스로 한계 지음은 힘이 달려 못하게 되는 '역부족'과 엄연히 다르다고 단언했다. 이를테면 "역부족은 나아가고자 하나 그렇게 하지 못하는 것이다. 스스로 한계를 지음은 너끈히 나아갈 수 있음에도 그렇게 하지 않음이다. 스스로 한계를 지음은 땅바닥에 줄을 그어 놓고 그 안에 스스로를 가두는 것"이라는 얘기다. 이는 성리학을 집대성한 주희의 해설로, 이에 따르면 한계를 두지 않는 순간 너끈히 나아갈 수 있는 자신을 발견하게 된다. 자신을 긍정할 수 있는 근거가 확보되는 것이다.

한계를 긋지 않는 마음이 자신을 진작시키는 마음이다. 내가 원해서 기꺼이 하는 마음, 그래서 꺾이지 않는 마음은 이처럼 내 안의 한계를 부정하는 능력을, 동시에 자신을 긍정하는 힘을 배양해 낸다. 나아가 용기도 길러 낸다. 우리는 용기를 예컨대 패기처럼 굳세고 도전적이며 물러서지 않는 기상이나 정신쯤으로 이해한다. 그런데 공자는 용기를 "무언가를 일구어 내는 역량"으로 이해했다. 그가 말한 용기는 어진 이는 반드시 용기를 지닌다고 할 때의 용기이자, 사회적 존재로서 자기 삶의 주인이 되고자 한다면 어짊과 지혜, 용기를 갖추어야 한다고 했을 때의 용기였다.

그것은 어짊을 구현해 내는 역량이자 자기 삶의 주인이 되게끔 하는 역량이다. 가령 효도를 하리라는 마음을 품는다고 하여 자동적으로 효자가 되는 것은 아니다. 효를 실천해야 비로소 효자가 된다. 어짊도 마찬가지다. 마음이 어질다고 하여 저절로 어진 이가 되지는 않는다. 어진 마음을 행동으로 실현하지 않는 한 그가 어진 자인지를 알 수 없다. 마음속 어짊이 바깥에서 구현되어야 비로소 그가 어진 자임을 알게 된다. 곧 마음을 현실로 일구어 내는 힘이 필요한 것이다. 공자가 말한 용기는 바로 그러한 역량이다. 그것은 마음이 꺾이지 않고 간절히 원하는 바를 실현해 냄의 미더운 동력이었다.

한편 꺾이지 않는 마음은 새로운 길을 열어 가는 마음이기도 하다. 그래서 더욱 값지다. 근대 중국의 대문호 루쉰은 길이 나 있지 않다고 포기해서는 안 된다고 당부했다. 스스로 포기하는 순간 포기는 장벽이 되어 나를 견고하게 둘러싸곤 한다. 설령 길이 나 있지 않더라도 가고픈 곳이라면 길을 내며 가야 하는 이유다. 물론 길이 한 번 지나갔다고 하여 바로 나는 것은 아니다. 그러나 "땅 위에는 원래부터 길이란 건 없었다. 사람들이 많이 다니다 보니 길이 된 것"(〈고향〉)이라는 루쉰의 통찰처럼 한계를 긋지 않고 다니면 길은 나게 마련이다.

새로운 길은 본래 처음 밟고 가는 내 뒤로 나는 것이다. 중요한 것은 꺾이지 않는 마음이다.

# 목적

---

반복되는 일상을
어떻게 견딜 것인가?

# 운명과의 투쟁조차
# 사랑하라

"형벌처럼 반복되는 일상 속에서도
삶의 의미를 찾을 수 있다."

-알베르 카뮈

10년 동안의 트로이아 전쟁을 마친 오디세우스에게 귀향의 여정 또한 만만치 않았다. 장기전을 치르면서 숱한 고난을 겪는데, 그중 가장 무서운 일은 죽음의 세계 하데스로 내려가는 것이었다. 살아 있는 모든 존재는 죽음을 피하고 죽음에 저항하는 법. 그런데 산 사람이 죽음의 세계로 들어가야 한다니, 오디세우스에게는 여간 두려운 일이 아니었다. 하지만 집으로 돌아가려면 꼭 해야할 과제였다. 용기를 내서 내려간 지하 세계에서 그는 시시포스가벌을 받는 장면을 목격한다.

시시포스는 집채만 한 바위를 높은 산꼭대기로 밀어 올리고 있었다. 그런데 그가 바위를 정상으로 올려 놓으면, 그 바위는 반대편으로 하염없이 굴러떨어졌다. 그러면 그는 다시 밑으로 내려가그 무거운 바위를 정상으로 밀어 올려야만 했다. 그렇게 수많은세월을 보낸 그는 바위를 정상에 세워 놓을 수 있다는 희망을 점점 잃었다. 어쩌면 오디세우스가 그를 보고 있던 그 순간에 그는아무런 희망도 없는 상태였을지도 모른다.

시시포스는 코린토스의 지도자였다. 그는 제우스가 아름다운요정 아이기나를 납치하는 장면을 목격했다. 그녀의 아버지 강물의 신 아소포스를 만나자, 그에게 그 사실을 알려 주었다. 강자의불의와 약자의 슬픔을 외면하지 않은 정의롭고 용감한 행동이었다. 그 대가로 아소포스에게 샘물을 하나 받았지만, 그것도 목마른 백성들을 위한 애민 정신에서 나온 것이지 사사로운 욕심을 채우기 위한 것은 아니었다. 그것 때문에 시시포스는 제우스의 미움을 샀다. 제우스는 그에게 죽음의 신 타나토스를 보냈다. 하지만 순순히 당할 시시포스가 아니었다. 그는 꾀를 짜내 타나토스를 꽁꽁 묶었다. 그것은 죽음에 저항하는 시시포스의 필사적인 노력이었다.

그러자 이번에는 저승의 신 하데스가 노발대발했다. 죽음의 신이 이승에 묶여 있으니, 사람들이 죽지 않았고 저승 세계의 기능이 마비되었기 때문이었다. 신들의 담합에 시시포스는 더 이상 버티지 못했다. 간신히 풀려난 타나토스에게 붙잡힌 그는 결국 하데스로 끌려 내려왔다. 하지만 그는 또다시 죽음에 저항했다. 그는 꾀를 내어 하데스를 속였고, 며칠 동안의 말미를 얻어 이승으로 올라와 죽음에서 빠져나왔다. 간신히 부활한 시시포스는 약속된 시간에 하데스로 내려가는 대신, 신들의 눈길을 피해 이리저리 몸을 숨기면서 어렵사리 얻은 삶의 기회를 만끽했다.

하지만 인간은 언젠가는 죽는 법. 시시포스도 결국 죽었고 하데스의 세계로 내려가야만 했다. 그에게 노발대발했던 신들은 무의미한 고역의 영원한 반복을 형벌로 내렸다. 그런데 따지고 보면 죽을 수밖에 없는 인간인 그가 살아생전 노력한 그 모든 일들이, 그가 반복해야만 했던 하루하루의 모든 일상이 하데스에서 그가 치러야 했던 형벌의 전조였다. 알베르 카뮈의 말대로, 인간은 모두 미래에 대한 희망을 품고 살지만 그 미래라는 것이 결국 죽음으로 끝나는 판에 어떤 희망도 부질없는 것이 되고 만다. 거대한 사회조직 속 하나의 부품처럼 다람쥐 쳇바퀴 도는 일상에 갇혀 죽어라 일해도 끝나지 않고 계속 제자리인 것만 같기 때문이다.

그럼에도 결국 우리는 죽음에 저항하듯 무의미에 반항하며, 삶에 의미를 부여하려고 애쓴다. 그리고 카뮈의 말을 다시 한번 떠올리게 된다. 산 정상에서 산 아래로 굴러떨어진 바위를 아무런 희망도 없이 바라보는 시시포스, 그러나 산 아래로 내려가 그 돌을 다시 정상으로 밀어 올리는 끝없이 반복되는 행위 속에서 그가 보여 주는 우직한 불합리함의 성실성을 마주하며 카뮈는《시지프 신화》에서 이렇게 말했다.

**"산 정상을 향한 투쟁 자체가 한 인간의 마음을 가득 채우기에 충분하다. 우리는 시시포스가 행복하다고 상상해야만 한다."**

# 14

# 단 하루도
# 똑같은 날은 없다

"색은 본디 정해진 것이 아니라,
빛이 있으면 나타나고
그림자가 있으면 어두워진다."

-박지원

일상에서 거의 실감하지 못하고 있지만, 객관적으로 보면 우리는 아직도 전쟁 중인 나라다. 전쟁을 향한 움직임이 계속 되풀이되고 있는 것만 봐도 그렇다. 한쪽에서 미사일 전력을 첨단화하자 다른 쪽에선 스텔스 전폭기 등 최첨단 전략 자산을 증강한다. 힘에는 힘 식의 대결이 반복된다. 하루이틀도 아니라 남북이 휴전한 지난 70여 년 동안 말이다.

지난날 북한이 위성을 발사했을 때 경계 경보가 발령된 적이 있었다. 바로 오발령이었음이 통지되었지만, 어찌 됐든 경보가 발령되었음에도 여느 때처럼 출근 준비, 등교 준비를 하는 우리의 모습을 당시 외신은 신기한 듯 다루었다. 타이완에서 장기간 체류했던 지인에게 전해 들은 타이완 국민의 모습도 비슷했다. 벌써 10년째 외부에서는 전쟁이 언제 터져도 놀랄 일이 아니라고 하지만, 그 짧지 않은 기간 동안 전쟁 위기의 고조와 감소가 반복되다 보니 타이완 국민은 평상시 같은 일상을 잘 보내고 있다고 한다.

반복에 길든 결과다. 반복은 위험조차 익숙하게 만들어 고도의 위험에도 심드렁하니 반응케 한다. 반복이 사람들의 시선을 차이보다는 같음에 묶어 두기 때문이다. 그래서 반복은 순환과는 다르다. 우리는 자연의 운행을 두고 순환한다고 하지 반복된다고 하지 않는다. 해마다 사계절이 순차적으로 펼쳐지는 것은 매한가지지만, 매번 전과는 다른 차이를 빚어내며 펼쳐지기에 누구도 작년의 사계절과 올해의 사계절이 똑같다고 생각지는 않는다.

반복과 순환 모두 무언가가 되풀이된다는 점에서는 동일하지만, 순환은 이처럼 차이를 생성한다는 점에서 반복과 다르다. 이때 차이는 되풀이될 때마다 다르게 형성되는 관계에서 비롯된다. 곧 순환은 차이를 빚어내는 관계를 함께 드러내기에 되풀이되어도 같다고 여기지 않는 것이고, 반복은 그러한 관계보다는 드러난 양상에 집중케 하기에 동일하다고 여기게 된다. 가령 까마귀 깃털은 그것만 보면 까맣게 보이지만, 주변에 펼쳐진 관계 속에서 보면 다른 빛깔로 보이기도 한다. 연암 박지원의 증언을 들어 보자.

> **"저 까마귀를 보자. 깃털이 그것보다 까만 것은 없다. 그러다 홀연 젖빛이 감도는 금색을 띠기도 하고, 다시 진한 녹색으로 빛나기도 한다. 해가 비치면 자줏빛이 튀어나와 눈에 어른거리다가 비췻빛으로 바뀐다. 그렇다면 내가 푸른 까마귀라고 불러도 괜찮고, 다시 붉은 까마귀라고 말해도 또한 괜찮을 것이다. 그 새는 본디 정해진 빛깔이 없는데도 내가 눈으로 먼저 정해버리고 만다."**

〈능양시집서(菱洋詩集序)〉에서 연암은 까마귀 깃털이 까맣다는 세간의 인식에 문제를 제기한다. 가만히 보니 늘 까맣기만 한 것은 아니더라는 것이다. 까마귀가 햇빛과 만나니, 달리 말해 햇빛과의 관계 속에서 보니 '푸른 까마귀' 혹은 '붉은 까마귀'라고 불러야 합당할 정도로 그 빛깔이 달랐다고 한다. 이러한 체험을 토대로 연암은 까마귀 깃털에는 원래 정해진 빛깔이 없는데 자신이

지레짐작하여 까맣다고 단정하는 우를 범했다고 고백한다. 까마귀 하나만 놓고 보았기에 오류를 범했음이니, 주변에 펼쳐진 관계 속에 그것을 놓고 봐야 타당하다는 관점이다.

되풀이되는 우리의 일상도 이렇게 보면 단순한 반복으로만 보이지 않는다. 어제의 나와 오늘의 내가 다르고, 나를 둘러싼 세상의 흐름이 매 순간 변하는데, 오늘과 어제의 의미가 똑같을 리 만무하다. 따라서 변화하는 관계와 맥락 속에서 보면, 아무리 똑같아 보이는 하루라 해도 결코 심드렁하게 반응할 수 없게 된다. 겉으로는 지루한 반복처럼 보여도, 매번 다시 오지 않을 생의 유일한 시간들이 생생하게 흐르고 있기에 그러하다. 송대의 대문호 소동파는 천하의 명문장 〈적벽부〉에서 이렇게 말했다.

**"변하지 않는 관점에서 보면 세상에 변하는 것은 없고, 변한다는 관점에서 보면 세상에 변하지 않는 것은 없다."**

중요한 것은 내가 어떻게 생각하는가다. 되풀이되는 듯 보이는 현상도 어느 관점에서 보느냐에 따라 똑같음의 반복으로 다가오기도 하고 매번 다른 것으로 포착되기도 한다. 그래서 늘 관계 속에서 볼 필요가 있다. 루틴하게 돌아가는 일상도 같음의 단순한 반복이 아니라 다시 오지 않을 삶의 유일한 시간들로 신선하게 다가올 것이다.

# 운명

---

**운명을 마주할 것인가,
피할 것인가?**

# 15

# 운명의 화살은 예고 없이 방향을 튼다

"우리에게는 타인의 고통을 마주하는
용기와 지혜가 필요하다."
–아리스토텔레스

타인의 고통에 공감하는 연민의 감정은 인간의 선량한 본성에서 나온다. 그것은 인간애의 징표이다. 기원전 4세기 철학자 아리스토텔레스는 《수사학》에서 연민을 하나의 고통으로 정의했다. 그에 따르면 "다른 사람들이 부당하게 겪은 파괴적이고 고통스러운 불행에 대해 함께 고통을 느끼는 감정"이 연민이다.

 어떻게 내가 타인의 고통을 공감하며 연민하여 함께 고통스러워할 수 있을까? 아리스토텔레스는 그 비밀을 드러낸다. 부당하게 불행을 겪은 사람이 고통스러워하는 장면을 보고, 그 불행과 고통이 나와 나의 자식과 친구들에게도 일어날 수 있다고 상상할 때 연민의 감정이 생긴다는 것이다. 운명의 참혹한 화살이 이번에는 저 사람의 몸을 관통했지만 그것이 강 건너 불구경처럼 남의 일로 끝나지 않고, 어느 날 하필 나에게도 정면으로 날아와 나의 삶과 영혼을 파괴할 수 있다는 생생한 상상 속에서 공포와 전율이 일어날 때 함께 찾아오는 감정이 연민이라는 것이다.

 고대 그리스인들은 일 년에 한 번 디오니소스 극장에 모여 비극을 관람했다. 무대에 등장한 주인공은 고귀한 인물이다. 사회적 신분도 존중받을 만큼 높은 위치에 있고, 그의 생각과 태도, 행동이 진지하고 기품이 있어 존경의 대상이 된다. 행복의 조건을 다 갖춘 사람, 그러나 뜻하지 않는 불행과 고통 속에 나뒹굴며 죽기까지 한다. 관객들은 그를 바라보며 그와 함께 아파하고 몸서리친다. 운명과 권력의 폭력 앞에서 무너지는 주인공의 울부짖음을 들으며 공포와 전율에 휩싸이다가 깊은 연민에 빠진다. 주인공의 고통에 공감하면서 주인공과 하나가 되고, 급기야 주인공이 다른 사람이 아닌 바로 '나 자신'임을 발견한다. 그 충격 속에서 인간의 연약한 본성과 운명의 냉혹함, 삶의 거친 진실을 깊이 깨닫는다. 그리고 나약한 인간임에도 불구하고 험한 세상을 견디고 이겨나가야 한다는 결의와 희망과 힘을 얻는다.

아리스토텔레스는 《시학》에서 비극을 "고귀한 행위의 모방"이라고 규정하면서, "연민과 공포를 통해 그런 격정의 카타르시스를 수행한다"라고 말했다. 사실 그의 윤리학과 정치학의 테제는 한 사람이 고귀하게 생각하고 행동할 때 행복한 삶을 누리며, 그런 고귀한 사람들이 시민이 되어 나라를 이룰 때 행복한 나라가 된다는 것이었다. 반대로 사악한 인간은 불행해지고, 사악한 시민들이 판치는 나라는 불행한 나라가 되는 것이 당연하다고 여겼다.

하지만 그리스 아테네의 비극은 철학자의 모범 답안 같은 이상적 테제를 무참히 깨고 있었다. 비극의 주인공으로 등장하는 고귀한 인물들이 뜻하지 않는 실수로 불행의 나락으로 몰락하고, 나라가 재앙에 휩싸이기 때문이다. 디오니소스 극장의 무대에 공공연히 올려진 비극의 역설적인 서사는 그를 혼란에 빠뜨렸다. 그러나 아테네인들이 옳았다. 그들은 고귀한 마음으로 착하게 살아도 부당한 불행과 고통을 당할 수 있는 것이 인생임을 외면하지 않았다. 그리고 아리스토텔레스도 그 삶의 진실을 진지하게 탐구했다.

**"고귀하게 생각하고 행동하는 것이 인간의 도리며, 행복에**

**이르는 길이다. 그러나 조심하라. 고귀한 자의 행복도 순식**
**간에 불행의 나락으로 떨어질 수 있다는 것을, 그것이 인생**
**임을.”**

그 삶의 진실을 회피하지 않고 용기 있게 직시하면서 공동체
구성원 모두가 함께 견디고 이겨 나가야 한다는 것을 간절히 호소
했던 것이다.

# 16

# 눈을 크게 뜨고 보라,
# 그리고 담대하라

"먼저 담대하지 않으면 뒤에 가서는 할 수도 없다."
−루쉰

루쉰은 근대 중국의 큰 인물이다. 그의 위대함은 일본이 그를 중국만의 자산이 아니라 자신들의 자산으로도 삼아 열심히 연구하고 다방면으로 활용해 온 데서도 잘 드러난다. 가령 2차 세계대전 이후 자신들이 나아갈 길을 모색하는 데 일본은 루쉰의 사유를 많이 참조했다.

　그런 루쉰은 중국인에 대해 쓴소리를 마다하지 않은 것으로도 유명하다. 중국이 어엿한 근대국가로 거듭나기 위해서는 중국인의 진보가 절대적으로 필요했기에, 그는 회피하지 않고 중국 민중과 마주 서서 그들의 폐해를 날카롭게 낱낱이 들춰냈다. 1925년 발표작《무덤》에 수록된 〈눈을 크게 뜨고 볼 것에 대하여〉는 그의 예리한 면모가 잘 드러나 있는 칼날 같은 글이다.

　이 글에서 루쉰은 무슨 일이든 대담하게 정시(正視), 그러니까 똑바로 바라볼 수 있어야 한다고 주문한다. 그래야 "비로소 대담하게 생각하고 대담하게 말하며 대담하게 일하고 대담하게 맡아 처리하게 된다"고 말한다. 그러고는 '우리 중국인'에게는 이러한 용기가 가장 결핍되어 있다며 통탄한다.

　특히 그는 지식인이 대대로 인생에 대하여, 사회현상에 대하여 정시하는 용기가 태부족했음을 꼭 집어 지적했다. 공자가 말한 "비례물시(非禮勿視)", 곧 예가 아니면 보지 말라는 가르침을 금과옥조로 삼아서 정시는커녕 옆에서 바라보거나 곁눈질로 슬쩍 쳐다보는 것조차 엄격하게 금했다고 한다. 그 결과 중국은 서구 열강의 침탈에 속수무책으로 당해 여기저기 국토를 그들에게 뜯

기고, 나라 전체가 반식민지 상태로 전락하게 되었다는 것이다.

지금의 우리는 어떠할까? 우리의 인생을, 사회를 정시하고 있는 걸까, 아니면 그저 외면한 채 살아지는 대로 살아가고 있는 걸까. 인생, 사회라고 하니까 너무 거창한가? 그러면 이건 어떠할지. 우리를 불편케 하는, 때로는 우리를 분노케 하는 상황에 접했을 때 우리는 그것들을 어떻게 대하고 있을까? 똑바로 바라볼까, 아니면 여전히 외면하고 마는 걸까. 루쉰은 말한다.

> **"먼저 담대하지 않으면 뒤에 가서는 할 수도 없고, 더 뒤에 가서는 당연히 보지도 않고 보이지도 않게 된다."**

결국 중요한 것은 담대함, 곧 용기라는 이야기다. 용기가 있으면 그것이 무엇이든 정면으로 바라볼 수 있게 되고 용기가 없으면 그저 외면하고 만다. 그렇게 외면함이 쌓이면 나중에는 아예 보이지도 않게 된다. 분명히 눈앞에서 버젓이 일어나는 일임에도 말이다. 육체의 눈은 뜨고 있지만 마음의 눈은 감은 채로 살아간다는 것이다. 마음의 눈이 병들었음이다. 그렇다 보니 보고 싶은 것만 보게 되고, 그런 식으로 병이 깊어지면 있는 그대로 보는 게 아니라 보고 싶은 대로 보게 된다. 오독과 왜곡을 아무렇지도 않게 자행하며 그것이 가짜인 줄을 도무지 인지하지 못한다.

역사를 바라봄 또한 마찬가지다. 역사에는 우리를 기쁘게 하는 일도 있지만, 반대로 우리를 불편케 하는 일도 있다. 특히 우리의 근현대사에는 우리에게 기쁨을 주는 일보다는 우리를 슬프게 하고 아프게 하는 일들이 한층 더 많다. 큰 고통을 안겨 주는 일도 적지 않다. 일제강점기 때 일본이 저지른 갖은 만행과 참상이 그러하고, 6·25 한국전쟁의 동족상잔이 그러하다. 제주 4·3사건과 5·18 민주화운동도 마찬가지다. 근자에 와서는 세월호 참사와 이태원 참사 또한 그러하다. 이들을 똑바로 바라보려면 적잖은 용기가 필요한데 과연 우리 사회에는 이들을 똑바로 바라볼 용기가 충분한지, 못내 미덥지 못한 것도 사실이다.

그래서 문학이 소중하다. 문학은 우리를 불편케 하고 슬프게 하며 때로는 고통스럽게 하는 일들을 똑바로 바라보면서 그것을 글에 담아내 진실을 증언한다. 그 과정에서 문학은 우리를 고통스럽게 하는 일들을 예술적으로 가다듬는다. 그들을 마주할 수 있도록 우리를 인도하고, 그들에 공감하고 공명케 해 준다. 그렇게 우리에게 인생을, 사회를 똑바로 바라볼 수 있는 힘을 안겨 준다. 문학이 늘 소중한 까닭이다.

# 지혜

나를 새롭게 만드는 힘은
무엇인가?

# 17

# 야누스의 지혜로
# 나를 갱신하라

"나는 옛 세상을 등지고
새로운 세상을 마주 본다."
―오비디우스

로마의 시인 오비디우스는 야누스가 하늘의 신들 중 유일하게 등 뒤쪽에서 일어나는 일과 앞쪽에서 일어나는 일을 볼 수 있는 두 얼굴을 가지고 있다고 노래했다. 우리처럼 얼굴이 앞을 향하고 있지만, 동시에 뒤통수에도 얼굴이 하나 더 있다는 것이다. 통상 로마인들은 야누스의 두 얼굴을 청년과 노인의 결합으로 보았다. 등 뒤를 볼 수 있는 노인의 얼굴은 과거를 돌아보는 반성의 통찰력을 가진 반면, 앞을 볼 수 있는 청년의 얼굴은 미래를 내다보는 예지력이 있다는 것이다. 그래서 오비디우스는 《로마의 축제들 (Fasti)》의 〈1월 1일 편〉을 야누스에게 바치면서 이렇게 노래했다.

**"내 노래의 출발점, 두 얼굴의 야누스여, 소리 없이 흘러가는 한 해의 근원이여, 그대의 찬란한 신전의 문을 열어 주소서."**

그는 오른손에 지팡이를, 왼손에 열쇠를 가지고 있다. 왼손의 열쇠로 모든 것이 시작할 수 있도록 문을 열어 주고, 모든 것이 잘 마무리되도록 문을 닫아 주는 능력으로 그는 우주의 수문장인 셈이다. 그래서 그가 열쇠로 문을 열어 주어야 마침내 새로운 한 해가 열린다. 로마인들은 한 해의 첫 달을 야누스에게 바치며 '야누스의 달(Januarius mensis)'이라고 불렀고, 이것이 지금까지 서양인의 전통에 남아 1월을 영어로 '재뉴어리(January)'라고 부르는 것이다. 한 해의 문을 여는 야누스, 사실 그 이름 '야누스(Ianus)'는 라틴어 '야누아(Ianua)'에서 왔는데 '문(門)'이라는 뜻이다. 그러니까 야누스는 '문의 신'인 셈이다. 그는 말한다. "모든 문은 이중의 이마를 가지고 있으니, 안쪽과 바깥쪽에. 바깥쪽 얼굴은 인민들을 바라보며, 안쪽 얼굴은 화로를 바라본다." 여기에서 '화로'는 가정을 뜻한다. 따라서 문의 신인 야누스는 안으로는 가정을, 밖으로는 사회와 국가 공동체를 한꺼번에 바라보며 균형 있는 태도로 안팎을 헤아리는 능력이 있다는 것이다.

이런 까닭에 르네상스의 화가 라파엘로는 바티칸에 있는 교황의 서재 '서명의 방' 남쪽 벽면에 지혜를 상징하는 여성의 얼굴을 야누스처럼 그려 놓았다. 지혜란 야누스가 그렇듯이 공간적으로는 나의 안과 밖을 동시에 살피면서, 시간적으로는 과거와 미래를 함께 통찰하며 나의 삶을 슬기롭게 관리하는 능력이라는 뜻을 담아낸 것이다.

**'나는 지금까지 무엇을 해 왔는가?'**
**'내가 잘못 간 길은 어떤 것이며,**
**내가 잘 걸어온 길은 어떤 것인가?'**
**'나의 안과 밖은 어떤 상황이며, 지금 나는 어디에 서 있고,**
**앞으로 나는 어디로 가야 하는가?'**

이런 질문을 상징하는 신이 바로 야누스이다. 그러니까 야누스의 두 얼굴은 우리가 흔히 알고 있는 것처럼 겉과 속이 다른 위선자나 변덕스러움의 상징이 아니라, 입체적인 통찰과 헤아림의 지혜를 상징하는 것이니, 우리가 똑 닮아야 할 모습이다.

로마를 세운 로물루스는 일 년을 열 달로, 새해의 시작을 3월로 정했다. 겨울철 두 달은 아예 계산에 넣지 않은 채로, 새해를 만물이 소생하는 봄에 시작하는 것이 좋다고 여겼기 때문이다. 하지만 로물루스를 이어 왕이 된 누마는 로물루스가 셈에 넣지 않은 겨울의 두 달에 이름을 주고, 지금의 1월을 새해의 시작으로 삼아 야누스에게 바쳤다. 그리고 그 시작점은 지금의 1월 1일이 아니라, 정확하게는 동지였다고 한다.

왜 그랬을까. 이에 대한 오비디우스의 설명은 야누스가 직접 말하는 것으로 소개된다. "동지는 묵은 태양이 새로운 태양으로 바뀌는 날이라, 태양도 한 해도 똑같이 그때 시작되는 것이다." 이렇게 '야누스'가 추운 겨울에 새해 첫날을 열어 준 까닭에 한 해의 첫날이 3월 1일에서 1월 1일로 바뀌었다.

로마에는 야누스의 문이 있었다. 고대 로마인들은 그 문이 열리면 전쟁이 시작되고, 그 문이 닫히면 전쟁이 그치고 평화가 온다고 믿었다. 야누스가 말한다. "내 가혹한 빗장이 전쟁을 가둬 두지 않으면 온 세상이 살육의 피투성이가 될 것이다." 새로운 시작을 앞두고 있을 때는 여러모로 야누스의 두 얼굴을 생각하는 것이 좋다. 단순히 미래를 향해 얼굴을 돌리는 것이 아니라, 나를 괴롭히는 묵은 감정의 문을 야누스의 빗장으로 가두어야 앞으로 나갈 수 있기 때문이다.

# 18

# 어제를 익혀
# 내일을 기획하라

"온고이지신(溫故而知新)"

-공자

묵은 것을 보내고 새것을 맞이함으로써 우리는 한 살이라는 나이를 더 먹는다. 그래서인지 사람들은 보내는 것과 맞이하는 것에 주목한다. '송구영신(送舊迎新)'에서 살아온 한 해라는 '구(舊)'와 새로이 살아갈 한 해라는 '신(新)'에 시선이 맺힌다. 그 결과 올 한 해는 어떠어떠했다, 다가오는 새해는 어떠어떠한 해이다, 같은 말들이 풍성하게 운위된다. 덕분에 '보내다(送)'와 '맞이하다(迎)'는 구와 신의 들러리가 되고 만다. 그런데 송구영신의 시간을 보내며 한번쯤 시선을 '보내다'와 '맞이하다'는 동사로 옮겨 보는 것은 어떨까? 묵은 것을 보낸다고 함은 과연 어떠한 활동이고 새로운 것을 맞이한다고 함은 또 어떠한 활동인가를 짚어 보자. 이와 관련하여 공자의 "온고이지신(溫故而知新)"이란 언급을 참조할 만하다.

흔히 '온고지신'의 형태로 쓰이는 이 성어는 '옛것을 익히고 그것을 미루어 새것을 알아간다'라는 뜻이다. 이 풀이에도 동사가 두 개 쓰였다. '익히다'로 번역된 '온(溫)'과 '알아가다'로 번역된 '지(知)'가 그것이다. 본래 '온'은 복습, 곧 다시 익힌다는 행위를 가리킨다. '지'는 따져서 알아가는 행위를 가리킨다. 그러니까 온고지신은 새것을 따져 알아가려면 옛것을 다시 익히는 활동을 해야 한다는 뜻이 된다. 새것을 마주할 때면 무릇 이렇게 할 줄 알아야 한다는 권유였다.

공자는 이처럼 옛것과 새것을 다시 익히고 따져 알아간다는 동사로 연결해 사유했다. 그런데 공자는 다시 익힘의 대상인 옛것을

'고(古)'가 아니라 '고(故)'를 썼다. '고(古)'는 과거나 옛것을 가리키고 주로 오늘의 것을 뜻하는 '금(今)'과 짝을 이룬다. 이에 비해 '고(故)'는 옛것을 가리키기도 하지만 '예로부터 검증되어 온 원리'를 가리키기도 한다. 그래서 공자가 다시 익힘의 대상으로 '고(古)'가 아닌 '고(故)'를 쓴 데 주목할 필요가 있다.

'고(古)'가 '신(新)'과 짝이 되기에는 어색하기에 그렇게 했을 수도 있지만, 다시 익힘의 대상이 옛것이 아니라 예로부터 검증되어 온 이치임을 환기하기 위하여 그렇게 했을 가능성도 있기 때문이다. 이렇게 보면 온고지신은 단지 옛것 자체를 다시 익힘이 아니라 살아온 날들을 통해 검증된 이치를 다시 익히고 이를 바탕으로 새것을 알아간다는 뜻이 된다.

송구영신의 '보내다'와 '맞이하다'도 이렇게 이해할 수 있다. 그저 때가 되었기에 묵은해를 흘려보냄도 아니고, 가만히 있어도 다가오기에 새해와 맞이하게 되는 게 아니라는 얘기다. 보낸다는 것은 적어도 다시 익히는 활동인 것이고, 맞이한다는 것은 따져 알아가는 활동인 것이다. 그렇게 다시 익히고 따져 알아감 속에서 묵은 것과 새것의 자양분을 나의 자산으로 획득하게 된다.

게다가 송구영신의 묘미는 그저 보내기만 하는 것이 아니라 새로운 것을 맞이하면서 보낸다는 점이다. 그래서 마냥 아쉽거나 허전하기만 한 것은 아니게 된다. 또 그저 맞이하기만 하는 것이 아니라 묵은 것을 보내면서 맞이한다. 하여 마냥 설레거나 기대되기만 한 것은 아니게 된다. 보냄과 맞이함이란 행위를 병행함으로써 보내고 맞이하는 일이 성찰하고 기획하는 일이 되는 것이다. 그렇게 성찰하고 기획함으로써 우리는 자신을, 또 삶을 바꾸어 나갈 수 있는 계기를 획득하게 되기도 한다.

송구영신은 이렇게 '바꾸어 가는' 활동의 다른 표현이다. 과거로 보내는 것은 단지 묵은해만이 아니라 바꾸어 가야 할 낡은 '나'이며, 새로 맞이하는 것은 그저 새해만이 아니라 바꿈을 통하여 새롭게 된 '나'이다. 따라서 달력의 숫자가 바뀌는 새해뿐 아니라, 당신의 모든 날들이 "나날이 새롭고 또 새롭기(日新又日新)"를 기원한다.

2부

# 누가 시대를 움직이는가

# 자기 경영

리더는 어떻게 탄생하는가?

# 19

# 위대한 리더는
# 위대한 목적에서 나온다

"카리스마는 타고나는 것이 아니라,
치열한 배움과 절제의 결과물이다."
-플라톤

"아테네는 그의 시대에 가장 위대했다." 서양 문명이 학문과 예술·건축·정치 등 거의 전방위적인 분야에서 모범으로 삼는 고전을 쏟아냈던 시기에 아테네는 그 중심이었고, 고전기(Classical Age)의 아테네를 이끈 지도자가 페리클레스였다. 그는 아테네 모든 시민이 의회에 나와 자신의 의견을 자유롭게 피력하고, 법정에 나가 판결을 하며, 시정에도 적극 참여할 수 있도록 길을 열어 주면서 아테네 민주정을 급진적으로 발전시켰다. 그러면서도 그의 정치적 카리스마는 독재자의 것에 비해 손색이 없었다. 역사가 투키디데스는 《펠로폰네소스 전쟁사》에서 이렇게 말했다. "그래서 아테네의 정치에는 민주정이라는 이름이 붙었지만, 실제 권력은 제일인자인 페리클레스의 손에 있었다."

페리클레스의 역량은 철저한 공부와 자기 관리에서 비롯된 것이었다. 무엇보다도 그는 청렴결백했다. '아도로타토스(adorotatos)'라는 말로 그를 가리켰는데, '선물(dora)에 마음이 가장 흔들리지 않는 자', 즉 뇌물에 전혀 흔들리지 않는 강직한 인사라는 뜻이다. 그는 이기적 욕망을 버리고 오직 조국 아테네의 부강을 원했으며, 시민들의 풍요로운 삶을 가장 먼저 생각하고 실천했다. 아테네인들은 그의 판단과 정책의 공공성과 공정성을 의심하지 않았고, 전폭적인 지지를 보냈다.

게다가 그는 아테네 역사상 최고의 연설가이기도 했다. 그의 말에 시민들은 감동했고, 고무돼 한마음 한뜻이 되곤 했다. 그는 자신의 역량을 높이기 위해 탁월한 지식인들을 멘토로 영입했고

누가 한 시대를 위대하게 만드는가?
위대한 시대는 누구로부터 시작되는가?

열심히 공부했다. 철학자 아낙사고라스는 페리클레스의 최고 스승이었다. 플루타르코스의 기록에 따르면, 페리클레스는 그의 숭고한 철학과 고상한 통찰에 심취했고, 그에게 배움으로써 그의 영혼은 고결해지고 말은 고상해졌다고 한다. 비천한 사람의 막말이나 천박한 농담은 그에게서 찾을 수 없었다. "조용한 행동과 단정한 옷매무새, 단호하면서도 온화하게 다듬어진 목소리는 군중에게 깊은 인상을 심어 줬다."

그의 장점 가운데 연설가로서의 탁월함은 그의 곁을 지키던 또다른 스승, 소피스트였던 프로타고라스에게서 온 것이었다. 페리클레스의 초청으로 아테네에 온 프로타고라스가 당시 아테네를 주름잡던 철학자 소크라테스를 만났다. 플라톤의 작품 《프로타고라스》는 두 사람의 대화를 담고 있다.

**"프로타고라스 선생, 당신과 함께 지내면 어떤 일이 생기나요?"**

**"나와 함께 지내게 된 그날, 그전보다 더 나은 사람이 될 겁니다. 그 다음날도 마찬가지고요. 나날이 더 나은 쪽으로 발전할 겁니다."**

**"아, 그래요? 무엇에 관해서 나날이 좋아지는 거죠?"**

**"잘 숙고하는 것에서죠. 집안일에 관해 어떻게 자기 집안을 가장 잘 경영할 것인지, 또 나랏일에 관해 어떻게 나랏일들을 가장 유능하게 실천하고 말할 것인지 말입니다."**

**"그러니까 당신과 함께라면 좋은 시민이 된다는 말씀이군요."**

그 기술은 '폴리티케(politikē)'라고 불렸다. '정치의 기술'이라고 옮겨도 되지만, 본래 뜻은 도시국가 폴리스에서 '시민으로서 잘 살아가는 기술'이다. 그리고 그것은 집안 살림과 나라 살림을 잘 하는 솜씨를 의미한다. 우리말에서 '살림'은 말 그대로 '사람 살리는 일'이며, 그 반대말이 '죽임'일 것이다. 가정을 잘 돌보고 나랏일에도 적극 참여하며 잘 돌아가도록 노력하는 것은 나의 가족과 나의 이웃, 내 나라를 '살리는 것'이다. '살림'을 잘못하면, 그야말로 가족이든 나라든 죽이는 것이다.

페리클레스가 바로 이 기술에서 프로타고라스의 수제자였다. 그는 한 사람의 시민으로서뿐만 아니라 시민들의 지도자로서 탁월하게 행동하고 말했으니 말이다. 다양한 분야에 열린 마음으로 열심히 공부했고, 도덕적 품격을 갈고 닦아내는 수신(修身)의 달인이었다. 비록 소크라테스는 페리클레스가 도덕적으로나 정치적으로 뛰어났음에도 불구하고 자식들을 직접 교육하지도 않았고 자기처럼 훌륭하게 키워내지 못했다고 비판하고 있지만, 페리클레스가 그로 인해 정치적 타격을 입진 않았다. 심지어 그는 당대 아테네 사교계의 여인이었던 아스파시아와 깊은 관계를 맺고, 첫 부인과 이혼하면서 혼외자까지 낳았음에도 이 또한 크게 문제가 되지 않았다. 오히려 아스파시아로부터 파르테논 신전 건축을 비롯한 문화정책에 관한 조언을 받아 이룬 성취는 치국(治國)의 측면에서 페리클레스의 또 다른 장점으로 평가되기도 했다.

우리 시대를 위대하게 만들 지도자는 누구일까? 우리는 무엇에 주목해 지도자를 선택하고 육성해야 하는가? 정치 지도자는 어떻게 스스로를 만들어 나가고, 무엇을 준비해야 할까? 페리클레스를 생각하며 우리의 미래를 위한 답을 헤아려 본다.

# 20

# 자신에게 가장 공정한 리더가 돼라

**"자기 마음의 사욕을 제거하고
사람과 세상을 한결같이 공정하게 대하라."**
–대학

우리 사회에서는 정치인의 가족 문제가 이슈가 되면 '수신제가 (修身齊家)'란 말이 곧잘 운위된다. 《대학》이란 유가 경전에 나오는 이 말은 주로 "치국", "평천하"와 함께 쓰인다. 그렇다 보니 수신제가는 정치인이라면 기본으로 갖춰야 할 덕목으로 꼽히곤 한다. 자신을 잘 수양하고 집안도 잘 다스릴 줄 알아야 나라도 잘 다스린다고 여겼기 때문이다. 그런데 이러한 이해는 몇 가지 오해의 소산이다.

　첫째, "제가"의 '가(家)'는 본래 가족이란 뜻이 아니었다. 그것은 대부가 다스리는 정치 단위를 가리켰다. 《대학》은 봉건제 시대의 산물이다. 봉건제에서는 천자가 천하를 다스림에 일정 지역의 통치를 제후에게 위임했다. 이렇게 제후가 위임 통치하는 지역을 '국(國)'이라고 했다. 제후는 국을 다스림에 일정 지역의 통치를 대부에게 재차 위임하기도 했다. 이렇게 대부가 위임을 받아 통치하는 지역을 '가(家)'라고 했다. 따라서 "제가"는 '집안을 잘 다스리다'는 뜻이 아니라 '가라는 정치 단위를 잘 다스리다'는 뜻이었다. 그러다 봉건제가 해체되면서 '가'는 오늘날처럼 집안, 가족 등의 뜻으로 쓰이게 됐다.

　둘째는 "수신제가치국평천하" 가운데 수신이 알파이자 오메가라는 점이다. 수신이 근본이자 목적이라는 것이다. 《대학》을 보면 이 구절 앞에는 "격물·치지·정심·성의"라는 네 항목이 나온다. 각각 '사물에 나아가다', '앎을 이루다', '마음을 바로하다', '뜻을 정성되게 하다'라는 뜻으로, 모두 자기 내면을 다스리는 수신의 방법이다. 곧 격물하고 치지하고 정심하고 성의하여 수신한다는 뜻이다. 그리고 이를 바탕으로 제가하고 치국하고 평천하한다는 말이다. 제가와 치국, 평천하는 이처럼 수신을 바탕으로 하는 사회적 실천이다. 유가의 핵심 윤리인 "격물·치지·정심·성의·수신·제가·치국·평천하"는 이렇듯 수신을 중심으로 구성되어 있다.

따라서 수신과 제가, 치국, 평천하는 순차적이지 않다. '먼저 수신을 다한 후에 제가를 하고, 제가를 다한 후에 치국하라' 식의 뜻이 아니었다. 제가와 치국, 평천하는 수신을 기반으로 수행되기에 그 자체가 수신의 일환이었다. 내가 한 가정의 가장이면 가정을 잘 다스리는 것이 곧 수신이 되고, 국가 운영에 참여하는 이라면 국가를 잘 다스리는 것이 수신이 되며, 천하 경영에 함께하는 이라면 천하를 태평케 하는 것이 수신이라는 것이다. 이렇듯 "수신·제가·치국·평천하"에서 초점은 제가나 치국, 평천하가 아니라 수신, 곧 '나를 다스림'에 맞혀 있다.

여기서 '나를 다스림'은 '나를 공평무사하게 대함'을 가리킨다. 자기 자신에게 이랬다저랬다 하는 것이 아니라 사심 없이 한결같게 대한다는 뜻이다. 이것이 제가나 치국, 평천하의 기본이 되는 까닭은 수신의 수(修)나 제가의 제(齊), 치국의 치(治), 평천하의 평(平) 모두가 '공평무사하게 하다'는 뜻을 공유하고 있기 때문이다. 곧 "수신·제가·치국·평천하"는 다스림의 대상인 가족, 국민, 세상을 공평무사하게 대하는 것이 그 자체로 나를 공평무사하게 대하는 수신이며, 그랬을 때 진리를 깨닫고 도를 구현하는 삶을 개인부터 지역사회, 국가, 천하 차원에 이르기까지 꾸준히 영위해 갈 수 있다는 통찰인 셈이다.

《대학》이 쓰였던 시절, 지식인은 통치 계층의 근간이었다. 그래서 '대학', 그러니까 큰 학문을 익힘은 수신, 제가, 치국, 평천하와 긴밀하게 연동되어 있었다. 큰 학문을 익히는 목적은 그래서 사회적 실천의 목표이기도 했다. 《대학》에는 큰 학문의 목적으로 "밝은 덕을 밝힘", "백성을 친하게 대함", "지극한 선에 머물러 있음"이 제시되어 있다. 밝은 덕을 밝힌다고 함은 진리와 마주하는 삶을 산다는 뜻이고, 백성을 친하게 대한다는 것은 백성을 피붙이처럼 아낌을 말한다. 지극한 선에 머문다고 함은 늘 진리와 마주하고 백성을 진정으로 아끼면 지극한 선, 곧 참된 경지에서 이탈하지 않게 됨을 가리킨다.

수신은 바로 이러한 큰 학문의 목적, 곧 사회적 실천의 목표를 이루기 위한 핵심 윤리였다. 그렇기에 수신제가로 대변되는 유가의 윤리는 리더에게 꼭 필요한 덕목이 다름 아닌, 공평무사하게 대할 수 있는 역량임을 일러 준다. 이를 잘 구비했을 때 비로소 늘 옳음을 마주하면서 국민과 국가를 사심 없이 한결같게 대할 수 있기 때문이다.

# 처세

세상의 평가에 흔들리고 있는가?

# 21

# 영원한 권력은 없음을 명심하라

"사람들은 지는 해보다는
떠오르는 해를 더 존경한다."

-플루타르코스

"사람들은 지는 해보다는 떠오르는 해를 더 존경합니다." 스물네 살의 폼페이우스는 당시 로마의 최고 실력자 술라 앞에서 이렇게 거침없이 말했다. 술라는 기가 막혔다. 하지만 그의 기세와 대담함을 무시할 수 없었다. "그래, 그의 개선식을 치러 주어라. 개선식을 치르라고!" 한 번도 아니고 두 번이나 크게 외쳤다. 당시 로마에서는 집정관이나 법정관의 직위를 가진 사람이 아니고선 아무리 전쟁에서 승리했다고 해도 개선식을 치를 수는 없었다. 게다가 폼페이우스는 원로원 의원도 아니었다. 새파란 정치적 신인! 그러나 소아시아의 반란을 제압했을 뿐만 아니라, 싸우는 족족 그 나이에 믿기 어려운 승리를 거둔 폼페이우스를 술라도 인정할 수밖에 없었다. "그대 위대한 폼페이우스!"라고 부를 정도였다.

일찍부터 그의 능력을 알아본 술라는 폼페이우스를 자신의 곁에 두고 싶었다. 기혼자였던 폼페이우스에게 이혼을 강요해 자기 의붓딸과 결혼시켜 사위로 삼았고, 나이에 비해 과분한 군사적 직책과 권한을 부여하며 그를 등용했다. 폼페이우스는 술라의 기대에 부응했다. 폼페이우스는 그 이후에도 승승장구하며 술라의 정치적·군사적 방해물들을 성공적으로 제거했고, 두 번이나 더 개선식을 치르는 초유의 업적을 이루었다. 술라가 로마의 일인자로 위세를 떨쳤던 데에는 이인자로서의 폼페이우스의 기여가 결정적이었다고 해도 과언이 아니다.

당시 로마는 공화정 체제였다. 기원전 753년 신화적인 인물 로물루스가 로마를 세우고 왕이 되어 통치했지만, 왕정의 독재적 횡포에 로마인들은 저항했다. 그들은 로마가 특정 개인의 것이 아니라 '공공의(Publica) 것(Res)'이라 선언하며 공화정(Res Publica → Republic)을 수립했다. 또한 최고 지위인 집정관을 두 명 두어 서로 협조하며 견제하도록 하는 등 독재를 막기 위한 다양한 정치적 제도를 만들었다. 공화정은 대단한 위력을 발휘했다. 로마는 이탈리아반도를 정복했고, 동으로 그리스를, 서쪽으로 카르타고를 제압하며 지중해의 패권자로 우뚝 섰다. 나아가 북쪽으로는 갈리아인들의 땅(지금의 프랑스, 벨기에 등)을 정복하며 그야말로 거대한 제국으로 성장해 나갔다. 그 최전선에 폼페이우스가 있었다.

플루타르코스의 《영웅전(또는 생애의 비교)》에서 폼페이우스의 기념비적인 개선식에 대한 묘사에 따르면, 그의 업적을 기록한 명패가 먼저 들어왔는데 아프리카, 유럽, 아시아 세 개 대륙에 걸쳐 1,000개가 넘는 지역을 정복하고 900개의 도시를 함락했다고 한다. 또 포획한 해적선은 800척에 이르고, 39개의 도시를 건설했다. 그의 비교 대상은 로마 역사 속에서는 찾을 수 없고, 먼 옛날 그리스를 통합하고 페르시아를 정복하며 거대한 제국을 이룩한 알렉산드로스 대왕만이 유일하다.

플루타르코스는 폼페이우스가 공화정을 뒤엎고 군주가 되려고 했다면 그의 능력과 업적에 환호하는 민중의 지지를 받아 로마를 제국으로 만들고 황제로 등극할 수 있을 정도였다고 논평했다. 술라의 곁에서 이인자로 시작한 폼페이우스의 위세는 그가 예고한 대로 떠오르는 태양으로서 술라를 압도하며 찬란하고 강렬했다.

카이사르가 "주사위는 던져졌다!"라며 군대를 이끌고 불법적으로 로마로 돌진해야만 하는 결단을 내린 것은 역설적으로 폼페이우스의 힘이 얼마나 강력했는가를 보여 주는 증거다. 그 당시 카이사르도 갈리아 땅을 정복하며 대단한 업적을 이루긴 했지만, 폼페이우스의 정치적인 영향력과 비교하면 열세에 놓여 있었다. 그러나 권력의 정점에 서 있던 폼페이우스에게는 이제 지는 것밖에 남지 않았다. 로마공화정 체제에서 초유의 삼두정치를 펼치던 카이사르와 폼페이우스, 크라수스 가운데 명실공히 일인자였던 폼페이우스는 새롭게 떠오른 이인자 카이사르가 죽기 살기로 돌진하자, 속절없이 급속도로 무너져 내렸다.

한번 떠오른 태양은 언젠가는 지는 법이다. 권력의 정점에서 빛나는 일인자나, 떠오르는 이인자 모두가 이 엄연한 진실을 외면하지 않고 마음에 깊게 새긴다면, 다른 모든 이들을 고통의 격랑 속으로 몰아넣는 일을 막을 수 있을 것이다.

# 22

# 능력이 있어도 모두
# 일인자가 되지는 않는다

"뛰어난 재능보다 중요한 것은
자신의 그릇을 아는 것이다."

-삼국지

소설《삼국지》덕분에 조조는 '간웅(奸雄)', 곧 간악한 영웅으로 널리 알려졌다. 반면에 유비의 책사인 제갈량은 공명정대한 인물로 널리 칭송된다. 흥미로운 점은《삼국지》에서 목도되는 이 두 사람이 무척 닮아 있다는 사실이다. 특히 역량 면에서 이 둘은 대동소이하다. 그러니까 역량 면에서 차이도 없고 여러모로 많이 닮아 있음에도, 한 사람은 간악한 인물로 평가되고 또 한 사람은 바르고 올곧은 이로 평가된다는 것이다.

왜 이런 일이 벌어졌을까? 소설 속 조조와 제갈량은 역량 면에서는 둘 다 둘째가라면 서러울 정도로 똑같이 빼어났다. 둘 다 전략 전술의 귀재이고 장수와 병사를 부리는 데 천부적 자질을 지녔다. 인재를 잘 볼 줄 알아 그들을 적재적소에 정확하게 배치했고, 사람의 심리 파악에 능하고 상황과 맥락을 읽어 내는 솜씨는 가히 달인들이었다. 정치적 역량 또한 뛰어나서 내정과 외교·군사 모두에서 발군이었다. 그래서 이 둘의 수하들은 늘 그들의 역량에 감탄하며 하늘이 낸 재주라며 줄곧 상찬한다.

그런데도 사람들은 조조는 매우 미워하고 제갈량은 마냥 좋아한다. 이 둘은 잘난 체하는 데도 일가견이 있어 자신의 계책대로 전투가 벌어져 승리라도 하게 되면 공치사를 신나게 늘어놓기도 한다. 그러면 사람들은 공치사를 해대는 조조의 모습에서는 간사함을 읽어 내고, 똑같이 공치사에 여념 없는 제갈량에게서는 멋짐을 읽어 낸다. 조조는 대체 무슨 미운털이 박혔기에 그런 대접을 받고, 제갈량은 또 무슨 예쁜 털이 나 있기에 그런 대접을 받는 것인지, 자못 궁금해지는 대목이다.

여러 이유가 있겠지만 그중 하나는 조조는 시종일관 일인자를 꿈꿨다는 것이고, 제갈량은 절대로 일인자가 되려 하지 않았다는 것이다. 조조는 야망이 큰 야심가였다. 결코 이인자에 만족할 인물이 아니었다. 당시는 천자라고도 불리는 황제가 천하의 일인자였고 왕(王)이라 불리는 제후급 인사가 이인자였다. 조조는 '위왕(魏王)'으로 불리며 제후급에 올랐다. 명실상부하게 이인자가 된 셈이었다. 그러나 마음속에는 늘 황제의 자리로 가득 차 있었다. 여러 이유로 그 야망을 실천으로 옮기지 못했을 뿐이었다.

이에 비해 제갈량의 마음에는 주군인 유비에 대한 충성으로 가득 차 있었다. 그래서 유비가 임종 직전에 자기 아들 유선이 섬길 만하면 섬기고, 황제로서 자질이 부족하다고 판단되면 제갈량 당신이 황제를 하라고 유언했음에도 제갈량은 끝까지 못난 유선을 황제로서 깍듯이 섬겼다. 제갈량은 스스로 판단하기에 자신은 일인자로서의 역량이 부족하다고 여겼던 듯하다. 반면에 조조는 자신이 일인자가 되고도 남을 자질을 지녔다고 판단하여, 대세를 장악한 이후에는 황제 앞에서조차 자기 멋대로 행동하는 등 늘 일인자처럼 행동했다.

그런데 소설에서 조조는 일인자가 될 만한 덕목과 역량이 꽤 부족했다. 흥미롭게도 이는 제갈량도 마찬가지였다. 그들 모두 역량이 빼어난 인재들이었지만 그 둘에게는 공통적으로 일인자가 될 만한 자질이 부족했다. 이를테면 유비가 지닌 어짊과 후덕함,

포용력 등이 이들에게는 없었다. 이런 상황에서 제갈량은 자신의 위상을 이인자로 한정하여 이인자로서의 역할에 충실했고, 조조는 끊임없이 일인자가 되고자 애썼다. 독자들은 이러한 조조의 모습에서 간악함을 느꼈고, 반대로 제갈량의 모습에서는 충직함을 느꼈다. 그 결과, 역량 등이 무척 유사했음에도 한 사람은 손가락질을 당하고 한 사람은 칭송받게 되었다.

역사가 말해 주듯이 이인자에 대한 사람들의 이러한 반응은 소설에서만의 이야기는 아니다. 이인자라는 자리에 있는 것은 그만큼 어려운 일인 게다. 더구나 현재의 일인자가 일인자로서 갖춰야 할 역량과 덕목을 못 갖추고 있다면, 조조 같은 이인자는 물론이고 제갈량 같은 이인자조차 좋게 받아들여질 가능성은 사뭇 낮다. 그러니 일인자로서의 자질을 갖추지 못한 이인자의 삶이 더욱 고단할 수밖에 없음은 말 그대로 자명하다.

# 권력

정의 없는 힘은 지속 가능한가?

# 23

# 명분을 잃은 권력은 결국 실패한다

"얼마나 오랫동안 그대 광기는
우리를 조롱할 것인가?"
-키케로

**"언제까지 그대는 우리 인내심을 악용할 셈인가? 얼마나 오랫동안 그대 광기는 우리를 조롱할 것인가? 어느 지경까지 그대 만용은 고삐 풀린 채 날뛸 것인가? 그대 계획이 만천하에 드러났음을 느끼지 못하는가? 그대 음모는 좌절되었다. 여기 모든 사람이 그것을 알고 있음을 보지 못하는가? 지난밤에, 지지난밤에 그대는 무엇을 했는가? 어디에 있었는가? 누굴 불러 모았는가? 어떤 계획을 꾸몄는가? 우리 가운데 누가 그것을 모른다고 생각하는가? 그대는 벌써 사형당해야만 했고, 그대가 우리에게 모의했던 그 파멸이 바로 그대에게 가해져야만 했다."**

기원전 63년, 로마 원로원에서 키케로가 카틸리나를 탄핵한 연설이다. 카틸리나는 군사력을 동원해 정적을 제거하여 원로원을 무력화하고, 로마의 공화정을 무너뜨린 후에 독재적 권력을 쥐려는 쿠데타를 감행했다. 키케로도 제거 대상이었다. 그러니 키케로의 연설에는 서슬 퍼런 비장한 복수심이 서려 있었다. 그러나 궁극적으로 그의 연설은 로마의 공화정을 지키려는 숭고한 정치적 이념의 위대한 선언이었다.

기원전 753년, 로물루스가 세운 로마는 왕정으로 시작했지만, 기원전 509년 루키우스 브루투스가 독재적 폭정을 일삼던 일곱 번째 왕 타르퀴니우스를 몰아낸 후부터 공화정이 되었다. 로마가 '공화정'이 되었다는 것은 국가가 어떤 특정 개인의 것이 아니라

'공공의 것'이며, 따라서 모든 권력과 주권은 시민에게 있음을 약속한 것이다. 반왕정의 공화적 혁명은 정의롭고 아름다웠고, 이후로 로마는 더욱더 힘을 키워 나가며 지중해의 패권자로 성장했다.

그런데 로마의 몸집이 커지자, 정치적 야망을 품은 자들이 들썩이기 시작했다. 로마를 독재적으로 지배한다면 얼마나 큰 권력과 부, 명예와 영광을 차지할 것인가! 이들이 충돌하면서 로마는 내전 상태가 되었다. 로마의 구원자로 떠오르며 총 일곱 번이나 집정관에 오른 마리우스, 그와 겨루어 이기고 로마의 권력을 잡은 후 정적들을 잔혹하게 제거하며 종신 독재관의 자리에 오른 술라, 이들의 행보는 로마공화정의 위기와 독재적 황제의 등장을 예고하는 실루엣이었다. 이 와중에 끼어든 자가 카틸리나였다. 사실 그는 앞선 이들에 비할 수 없는 함량 미달의 인사였다. 그를 대상으로 벼려 낸 키케로의 연설이 아까울 정도였다. 하지만 그의 연설은 단지 카틸리나만을 향한 것은 아니었다. 미래의 잠재적 독재자들을 겨눈 강렬한 경고였고, 공화정을 수호하는 이들을 향한 뜨거운 독려이며 응원의 메시지였다.

그러나 제국을 향한 야망은 여전했고 더욱더 세차게 불타올랐다. 그리고 드디어 카이사르가 등장했다. 갈리아 지역을 정복하고, 바다 건너 브리타니아 섬으로, 라인강을 건너 게르마니아인들의 영토로 진출하며 군사적 업적을 이룬 그가 정치적 위기에 몰리자 '주사위는 던져졌다'며 불법적으로 루비콘강을 건넜다. 쿠데타였다. 그는 성공했고, 종신 독재자의 자리에 올라 오만한 태도로

원로원을 쥐락펴락했다. 그때 키케로의 연설에 깃든 공화주의적 열정은 마르쿠스 브루투스의 가슴에 불을 지폈다. 그는 카이사르에 칼을 꽂았다. 로마는 카이사르의 것이 아니라 '인민 모두의·공공의 것'임을 선포한 것이다. 셰익스피어는 《줄리우스 시저》에서 그때의 브루투스에게 이런 말을 하게 했다. "내가 카이사르를 덜 사랑한 것이 아니라, 로마를 더 사랑했던 것이다."

그러나 끝내 로마는 제국이 되었고, 카이사르의 후계자 아우구스투스는 황제가 되었다. 독재의 유혹은 그만큼 달콤하며 중독성이 강했다. 반면 나와 다른 목소리를 존중하고, 논쟁을 견디며 타협을 이루어 나가는 민주와 공화의 길은 힘들다. 그러나 그것이 가장 슬기롭고 의롭고 이로운 정치의 길이 아닐까?

로마는 쉬운 길을 선택했다. 권력은 일인자에게 집중되었고, 그 절대 권력에 아부하는 자들이 파리처럼 꼬이면서 로마의 정치 구조는 확고해졌고, 불량해졌다. 현명한 아우구스투스의 뒤를 이은 황제들이 막대한 권력을 감당하지 못해 극도의 향락에 빠지고, 정적을 무자비하게 척결하며 폭군이 되었기 때문이다. 공화정을 버리고 제국이 되면서 절정에 이른 순간부터 로마는 몰락의 길로 접어든 것은 아닐까? 지금 우리가 키케로의 연설을 가슴 깊이 새겨야 할 이유도 여기에 있다.

# 24

# 혁명의 성공 조건은 정의로움이다

**"정의와 역사를 품어야 혁명은 이루어진다."**

–무왕

기록된 바, 한자권 최초이자 가장 유명한 역성혁명은 3000여 년 전 주나라 무왕이 일으킨 것이었다. 당시 일인자는 천자였고 그 밑으로는 천자가 임명한 제후들이 있었다. 제후는 천자에게서 일정 지역의 통치를 위임받은 자로, 천자가 중국 전체의 임금이라면 제후는 한 지역의 임금이었다.

그러니까 제후는 통치를 위임받은 지역에서는 임금이지만 천자의 임명을 받는다는 점에서는 천자의 신하다. 천자는 왕이라고 불렸지만 제후는 공이나 후, 백 등으로 구분되어 불린 이유다. 그런데 무왕은 본래 제후였다. 그가 위임 통치하는 주나라는 천자가 다스리는 상나라 휘하의 여러 제후국 중 하나였다. 따라서 무왕은 처음부터 왕으로 불릴 수 없었다. 공이나 후, 백 중의 하나로 불렸어야 했는데, 그가 왕으로 불리게 된 까닭은 그가 천자를 축출하고 스스로 왕이 되었기 때문이다. 저간의 사정은 이러했다.

제후인 무왕이 섬기던 천자는 주왕이었다. 주왕은 3000년을 상회하는 중국 왕조의 역사에서 4대 폭군으로 꼽힐 정도로 폭군 중의 폭군이었다. 백성을 도탄에 빠뜨린 것은 기본이었고, 어진 신하의 충언에도 아랑곳하지 않았다. 당시 공자가 어진 이로 꼽은 비간이란 충신이 있었다. 그가 간언을 포기하지 않고 계속 올리자 주왕은 그의 가슴을 갈라 심장을 꺼내 죽이기도 했다. 평화로운 방식으로는 도무지 폭정을 멈출 수 없는 지경에 도달했음이다. 그럼에도 주왕은 폭정을 그치지 않았다.

결국 무왕이 결단을 내렸다. 그는 아버지의 이름을 빌려 폭군

주왕을 토벌하고자 했다. 아버지 희백 창은 어진 정치를 편 까닭에 천하 인심의 상당수가 그를 지지하고 있었다. 그럼에도 희백 창은 천자의 신하인 제후가 천자를 칠 수는 없다며 역성혁명에 나서지 않았다. 하지만 아들 무왕은 달랐다. 평화적 방도로는 주왕의 폭정을 끝낼 수 없다는 점이 이미 입증된 데다가 그에게는 아버지 때부터 어진 정치를 해 왔다는 정당성도 구비되어 있었다.

3000여 년 전의 어느 날, 무왕은 제후 연합군을 이끌고 하늘에 제사를 지낸 후 군사를 일으켰다. 결과는 무왕의 완승이었다. 폭군 주왕은 제거되었고 제후였던 무왕이 천자 자리에 올랐다. 그렇게 상나라는 멸망했고 제후 나라였던 주나라가 천자 나라로 거듭났다. 역사는 이러한 무왕을 두고 성군이라고 평가했다. 그의 역성혁명이 정당했다고 평가한 것이다.

그런데 무왕은 역성혁명을 일으킴에 매우 두려워한 바가 있었다. 인간이 존재하는 한 역사는 지속될 터, 자신의 역성혁명이 전례가 되어 후세에 정당성 없이 자기 이해만을 위해 쿠데타를 일으키는 데 빌미로 악용될까 봐 두려웠다. 조선시대 김시습도 그런 일이 일어날까 봐 무척 우려하며 다음과 같이 통탄했다.

**"하늘이 무왕에게 명하여 상나라를 멸했다. 죄를 벌했다고는 하나 실은 상서롭지 않았다. 천 년 이후 구실이 되었으니 안타깝다."**

2부 누가 시대를 움직이는가

무왕의 역성혁명은 정당성이 충분했음에도, 자기 삶과 영혼에 당장의 현실뿐 아니라 역사를 품고 있었기에 무왕은 두려워하고 걱정했던 것이다.

사실 무왕의 역성혁명은 안팎으로 정당성, 그러니까 정의로움을 갖추고 있었다. 아버지 때부터 어진 정치를 행해 왔고, 희대의 폭군을 제거함으로써 도탄에 빠진 백성을 구제하는 의로움을 실현했다. 역성혁명 이후로도 내내 인정을 베풀었다. 그래서 무왕은 대대로 성군으로 존중되었고 그의 역성혁명은 성공적이었다고 평가받았다. 이는 그의 거사가 정의와 역사를 품은 역성혁명이었기에 가능했다. 성공한 역성혁명이라고 평가받으려면 이처럼 주체가 정의로워야 하고, 그 시대에서도 정의로워야 하며, 역사적으로도 정의로워야 했다.

군주가 절대적 권력을 지녔던 왕조시대에도 정의는 이렇게 한껏 중시되었다. 그런데 모든 권력이 시민으로부터 나오는, 그래서 하늘이 아니라 시민에 의해 국가수반이 선출되는 민주헌정 사회에서 정의를 외면한다면 그 어떤 궤변으로도 또 폭력으로도 정당화될 수 없음은 너무나도 자명하지 않은가?

# 열린 마음

어떻게 경계 밖으로 나아갈 것인가?

# 25

# 낡은 질서를 부숴야
# 다른 세계가 보인다

"나는 무슨 권리로
그들보다 더 낫다고 우쭐대었단 말인가."
-대니얼 디포

1719년 영국의 작가 대니얼 디포는 일명 '로빈슨 크루소'라는 장편소설을 펴냈다. 미지의 세계를 향해 모험을 떠난 로빈슨 크루소는 큰 파도를 만나 난파하고, 무인도에 표류하면서 홀로 생활해야만 했다. '세상에서 가장 탐욕스러운 수전노 구두쇠라 할지라도 탐욕이라는 악덕을 깨끗이 치유할 수 있는' 상황 속에서 그는 기독교 신앙을 붙들고 좌절을 딛고 일어섰으며, 불굴의 의지와 성실함, 꾸준함으로 황량한 무인도를 개척하여 자신이 살던 유럽 문화의 공간으로 일구어 냈다. 홀로 지내야 하는 고독한 시간의 우울함과 외로움을 이겨 내는 정신력은 가히 초인적이다.

식인의 습성을 가진 야만인들로부터 로빈슨 크루소가 구해 낸 덜 야만적인 야만인 '프라이데이(금요일)'조차도 그의 위대함에 경의를 표했고, 그 위대함을 가능하게 한 유럽 문명을 존경하며 기꺼이 배워 나간다. 그 존경심은 그의 고유 종교에 대한 기독교의 위대함을 인정하는 부분에서 잘 나타난다.

**"하루는 그가 내게 만약 하느님께서 태양보다 높은 곳에 계시면서 우리의 기도를 들어 줄 수 있는 분이시라면, 그분이 자신들이 믿는 '베나머키'보다 더 위대한 신이 틀림없다고 말했다. 베나머키는 그다지 멀리 떨어져 있지 않은데도 자신들의 말을 듣지 못하며, 그 신에게 말을 하려면 그 신이 살고 있는 거대한 산에 올라가야만 한다는 것이었다."**

프라이데이의 입에서 나온 말이지만, 그 말을 전하는 로빈슨 크루소, 그리고 두 인물의 대화를 지어낸 대니얼 디포, 그리고 그의 소설에 열광적인 반응을 보인 18세기 영국인, 유럽인의 시각을 고스란히 반영한 부분이다. 영국인들의 제국주의적인 편견, 서양인들의 타문화에 대한 우월주의가 그대로 드러난 계몽주의적 우화의 대사이다. 그런데 정말로 프라이데이가 그렇게 로빈슨 크루소의 생활과 사고, 종교를 존경하고 감탄하며 자발적으로 모방하고 습득하려고 했을까?

1967년 프랑스의 작가 미셸 투르니에는 로빈슨 크루소의 무인도 이야기를 새롭게 썼다. 그 소설의 제목은 '방드르디, 태평양의 끝'으로 디포의 소설에서 주연이었던 로빈슨 크루소가 조연으로 밀려나고, 조연이었던 프라이데이, 즉 방드르디(금요일)가 전면에 부각된다. 유럽 문명에서 벗어난 극단의 공간에서 로빈슨 크루소는 '내가 그날그날 목적 없이 살고 되는대로 내버려 두면 시간은 손가락 사이로 새어 나가고 나는 나의 시간을 잃는다. 나 자신을 잃는다'는 실존주의적인 초조함을 이겨 내려고 안간힘을 쓴다. 일기를 쓰면서 시간을 관리하고 성실하게 유럽 문명의 공간을 무인도에 재현해 나간다. 그러나 로빈슨 크루소에게 나타난 방드르디는 그가 새로운 세계에 눈을 뜨게 만들어 준다.

방드르디는 주인에게 고분고분하지만 주인을 존경하거나 그가 이루어 놓고 누리는 것들에 대해 큰 관심이나 부러움이 전혀 없다. 그는 주인을 무시하듯 해맑게 웃고 폭소한다. 그 모습에 로빈슨 크루소는 당황스럽다.

**"그 웃음은 총독(로빈슨 크루소)과 그가 통치하는 섬의 겉 모습을 장식하고 있는 그 거짓된 심각성의 가면을 벗겨 뒤죽박죽으로 만든다. 로빈슨은 자기의 질서를 파괴하고 권위를 흔들어 놓는 그 어린 웃음의 폭발을 증오한다."**

방드르디는 문명의 옷을 벗고 자연의 알몸으로 바람과 물과 흙을 즐기며, 새들과 짐승들과 교감한다. 자연을 정복하는 대신, 자연에 깃들어 사는 것이다.

그리고 우연한 사고로 화약고에 불을 붙인 방드르디는 로빈슨 크루소가 재현한 유럽 문명의 구조물들을 순식간에 날려 버린다. 망연자실한 로빈슨 크루소는 비로소 방드르디가 누리는 행복을 조금씩 알아가기 시작하면서, 방드르디를 기꺼이 배워 나간다. 투르니에는 디포의 결론을 완전히 뒤집고, 로빈슨 크루소와 '금요일' 사이의 관계를 역전시킨다.

두 소설을 비교하면 문화적 이질감을 대하는 바람직한 태도를 배울 수 있다. 자기 문화에 집착하면 다른 문화는 저급하게 느끼게 되고, 둘 사이에 갈등이라도 일어나면 멸시는 혐오로 사나워진다. 그러나 자기 문화를 사랑하면서도 다른 문화를 이해하고 존중한다면, 특정 국적인으로 살아가면서 동시에 세계인이 되는 길을 찾을 수 있다.

# 26

# 리더의 편견은
# 조직을 위험에 빠뜨린다

"타자 편견은 곧 자기 왜곡이다."

-사마천

5월은 그야말로 기념하는 달이다. 노동자의 날로 시작하여 어린이날, 어버이날, 스승의 날, 부부의 날, 성년의 날 등등 '누구누구의 날'이 줄잡아 여덟 개를 상회한다. 12개월 중 최다다. 그런데 기념하는 날이 많아서인지 '세계인의 날'은 그다지 부각되지 못한다.

세계인의 날은 2007년 '재한외국인 처우 기본법' 제정 시, 유엔이 정한 '세계 문화 다양성의 날(5월 21일)'이 부부의 날과 중복되어 5월 20일로 정해졌다. 통계에 따르면 2024년 5월에 우리나라의 외국인 취업자가 100만 명을 넘어섰다. 다문화가정 학생과 외국에서 태어나 입국한 외국인 학생 수도 초중고 학생 30명 당 한 명을 넘어섰다. 외국인 유학생도 갈수록 늘어 2024년에 이미 26만여 명에 달했다. 다양성·다문화가 우리 사회에서 일상이 되었음을 일러주는 지표들이다.

물론 다양성·다문화가 나와 무슨 상관이 있는가 할 수도 있다. 사회에서 일상이 되었다고 하여 그것이 반드시 나의 일상이 되는 것은 아니다. 다만 이와 관련해 불세출의 역사서 《사기》를 쓴 사마천의 타자에 대한 언급을 참조할 만하다. 다양성·다문화는 곧 타자를 어떻게 인식할 것인가의 문제이기도 한데, 이는 개인 차원에서도 유의미한 화두이기에 그러하다.

사마천 당시 최대의 타자는 흉노라는 유목민족이었다. 유목민족 하면 왠지 국가 형태를 갖추지 못한 채 목초지를 찾아 이리저리 떠돌며 생활하는 모습이 떠오르곤 한다. 그러나 이는 엄청난 편견이다. 그러한 유목민족도 있었지만 사마천 당시 흉노는 적어도 중국의 한 제국에 맞먹는 국력을 갖추고 있었던 어엿한 유목 제국이었다. 흉노가 한의 건국 초기부터 늘 한 제국의 국가 운영에 상수로서 적잖은 영향을 미쳤던 까닭이다.

사정이 이렇다 보니 당대 최고 지성이었던 사마천이 역사를 쓰면서 흉노에 대한 언급을 피할 수 없었다. 그는 흉노와 중국 사이에 있었던 오랜 상호작용의 역사를 기술하는 한편 흉노의 사회와 문화, 풍습 등을 가능한 그들의 관점에서 서술했다. 또한 흉노의 중항열이란 인물과 한의 사신 간 논쟁을 구체적으로 기록하기도 했다. 논쟁은 중항열이 일방적으로 한의 사신을 가르치고 훈계하는 흐름으로 전개되었다.

가령 한의 사신이 흉노는 왜 젊은이를 중시하고 노인을 천대하느냐고 힐난하자, 중항열은 "흉노는 전투가 생업일 수밖에 없는 환경에서 사니 당연히 젊고 건장한 사람들 위주로 사회를 운영할 수밖에 없다. 그 덕분에 노인과 젊은이가 오랫동안 서로를 지켜낼 수 있었는데 이를 두고 어찌 흉노가 노인을 홀대한다고 말하겠는가?" 하며 면박을 주는 식이었다.

사마천은 중국 문화의 수호자로 자처할 만큼 '골수' 중국인이었음에도, 이렇듯 중국의 관점으로 흉노를 바라보는 편견에 경종을 울렸다. 나아가 그는 《사기》의 〈흉노열전〉에서 이를 바탕으로 자기, 곧 중국을 바라보는 관점을 문제 삼는다.

**"세상에서 흉노를 언급하는 자들은 잠깐의 총애라도 얻으려 노심초사하며, 편견에 빠져 흉노와 한의 현실을 참작하지 않았다. 장수들은 중국의 드넓음을 빙자하여 호기를 부렸는데 황제는 그에 의거하여 정책을 결정했다. 그 때문에 공을 세워도 그 효과가 오래가지 못했다."**

흉노에 대한 편견은 고스란히 자신에 대한 왜곡으로 이어져 현실을 정확하게 인식하기는커녕 과대평가에 빠졌고, 그 결과 흉노 정책이 실패하거나 변변치 못하게 되었다는 지적이다. 편견에 기초한 타자 인식은 이처럼 부정확한 자기 인식을 초래하여 결국 내치든 외교든 제대로 되는 일이 없게 된다.

다양성·다문화를 나의 일상으로 품어야 하는 필요가 여기에 있다. 그럼으로써 타자를 편견 없이 인식하게 되고 이를 통해 나를 정확하게 인식할 수 있기에 그러하다. 자신을 정확하게 인식함은 기울어진 운동장 같은 세상을 살아감에 더없이 미더운 자산이다. 다양성·다문화가 나와 전혀 무관할 수 없는 까닭이다.

# 안목

화려한 말의 함정을
어떻게 피할 것인가?

# 선동가의 알맹이 없는 말을 멀리하라

"진정성 없이 화술뿐인 말은 사회를 병들게 한다."

-플라톤

20여 년 전 한국에 '수사학회'가 창립되어 학술대회가 열렸을 때, 뜻밖에도 경찰관과 형사들이 참석했다고 한다. '수사(搜査)'를 위한 학회인 줄 알았다고 한다. 그 수사에도 '수사(修辭)'가 필요하긴 하니, 잘못 찾아온 것은 아닐 테다. 그런데 '수사학(修辭學)'이란 뭔가? 이것은 '레토릭(rhetoric)'의 번역으로, 어원은 고대 그리스로 올라가 플라톤의 《고르기아스》에 처음 언급된다.

당대 최고의 소피스트로 이름을 날리던 고르기아스가 민주정의 고향 아테네에 왔다. 때는 스파르타와 아테네가 펠로폰네소스 전쟁을 벌인 지 4년째 되는 기원전 421년쯤으로 추정된다. 시칠리아의 레온티노 출신인 고르기아스는 시라쿠사와의 분쟁에서 아테네의 도움을 청하기 위해 조국을 대표하는 외교 사절로 파견된 것이었다. 그때 고르기아스는 50대 후반과 60대 초반 사이였고, 소크라테스는 불혹의 나이였다. 소크라테스가 그와의 만남을 놓칠 리 없었다. 그를 찾아가 물었다. "고르기아스 선생, 당신은 무엇을 가르치나요?" "레토리케요." '레토르(연설가)의 기술'이라는 뜻이다. 이것을 배우면 세상에서 가장 좋은 것을 얻는다고 장담한다. 그게 무엇일까?

**"자기 자신을 자유롭게 하고, 자기 나라에서 다른 사람들을 다스릴 수 있게 하는 능력이지요. 나는 레토리케를 '말로 청중을 설득할 수 있는 기술'이라고 주장합니다. 법정에서는 판정관들을, 평의회장에서는 의원들을, 민회에서는**

**시민들을, 그리고 다른 모든 정치 집회에서 말로 청중을 설득하는 능력이지요."**

레토리케를 잘 구사하면 자유로운 시민으로 살거나 막강한 권력자, 오늘날로 말하자면 판검사나 변호사가 되거나, 국회의원이나 정치가가 된다는 것이다. 이것 때문에 레토리케는 부정적인 개념으로 통하곤 한다. 특히 표를 얻기 위해 대중을 현혹하는 궤변과 포퓰리즘을 구사하는 기술처럼 보이는 것이다.

플라톤은 레토리케가 도덕적으로 타락하고 이기적인 욕망에 사로잡힌 정치가들의 칼이 될 때, 많은 시민이 고통받고 나라가 망가질 것이라고 걱정이 태산이었다. 레토리케에 정통한 연설가가 정의와 불의에 관해 법정에서나 의회에서 대중을 가르칠 수 있는 참된 지식을 갖지 못한 상태로, 오직 이기심에 따라 군중을 교묘한 말재주로 설득하여 자기 쪽으로 끌어들이는 것만을 능사로 생각하는 것 같기 때문이었다. 고르기아스는 이런 말도 한다.

**"레토리케는 최강의 힘을 가지고 있소. 예를 들어 볼까요. 한 나라에서 의사를 선발할 때, 민회나 다른 어떤 집회에서 말로 경쟁한다고 합시다. 레토리케에 능한 자와 의사 중에 누가 의사로 뽑히겠소?"**

그에 따르면, 레토리케를 이용해 의사보다 더 의사처럼 말하는 연설가가 어수룩한 청중을 말솜씨로 휘어잡으면서 진짜 의사를 제치고 국가 의사로 뽑힐 수 있다는 것이다. 그러니 레토리케의 위력은 얼마나 위대한가! 하지만 잘 따져 보면 잘못은 레토리케가 아니다. 칼이 강도의 손에 들어가면 사람들을 해치지만 의사의 손에 들어가면 사람을 살리듯, 누가 어떤 레토리케를 구사하느냐에 따라 잘잘못과 좋고 나쁨이 갈린다. 훌륭한 의사가 수사학을 선량한 의도로 구사한다면 금상첨화이며 최선일 것이다. 고르기아스의 진심도 말만 잘하면서 속은 텅 빈 사람을 지지하는 것이 아니라, 실력을 갖춘 사람이 수사학으로 무장하여 거짓과 위선을 제압하길 바라는 것이었음은 분명하다. 진정성 없이 공허한 말뿐인 사람들이 사회를 병들게 한다는 소크라테스의 경고에 고르기아스도 동의했을 것이다. 그래서 깨어 있는 정신으로 정치인들의 사기성을 경계하는 시민들의 역할도 매우 중요하다.

선거 때마다 우리에게 말의 성찬이 펼쳐진다. 쟁쟁한 사람들이 대중을 앞에 두고 연설하며 레토리케를 구사한다. 그들 중에는 분명 의사도 아니면서 의사처럼 말하며 진짜 의사를 제치고 의사로 뽑히듯, '정치'도 모르면서 최고 최선의 정치가인 양 말하며 군중을 현혹하는 레토리케의 칼을 휘두르는 사람도 있다. 반면 전문성과 올바른 지식, 정의로운 마음과 도덕적인 태도로 오직 국민의 행복을 위해 헌신적으로 일할 사람도 있다. 그들의 레토리케에는 '말을 잘 갈고 닦아 진심을 담아내는' 수사의 정신이 깃들 것이다.

# 28

# 책임지지 않는 말은
# 위선이다

"실천 없는 말은 허상이다."
–역경

바야흐로 말이 날뛰는 시절이다. 가짜 뉴스나 불공정 보도 등의 기세가 누그러지지 않고 있는지라 말이 듬직하기는 참으로 어려운 형국이다.

'말이 듬직하다'는 것은 말한 대로 행한다는 얘기다. 그 결과 말에 담긴 바가 실질적으로 구현된다. 이를 한자권에서는 "언즉신(言則信)", 그러니까 "말은 곧 듬직함"이라는 표현으로 가리켰다. 이는 2500여 년 전인 공자의 시대부터 학파를 불문하고 대대로 널리 공유되어 왔던 관념이다. 여기서 듬직함이란 말한 그대로 실천함을 뜻한다. 살아오면서 익히 경험했듯이 이는 무척 어려운 경지다. 그래서인지 공자는 실천할 수 있는 것만 말한다고 고백하기도 했고, 말하기 전에 먼저 행하고 그렇게 행한 바를 토대로 말을 한다고도 실토했다.

이는 공자가 말로 일을 하게 만들었음을 일러 준다. 말이 일을 해야 비로소 말은 고삐 풀린 말처럼 나대지 못하게 된다. 또한 한 말에 대하여 기필코 책임지게 할 수도 있게 된다. 그래야 "아니면 말고"식으로 치고 빠지지도, "누가 그렇다 카더라"식의 유체 이탈 화법도 구사하지 못하게 된다. 특히 위정자라면, 공직 진출을 지망한다면 더욱더 그래야 한다고 요구되었다. 말이 일하게 할 줄 아는 역량을 갖추어야 비로소 위정자로서의 자격을 갖추었다고 여겼음이다.

공자 시대의 위정자는 오늘날로 치면 리더다. 이런 점에서 리더라면 한자권의 '수사(修辭)' 관념에 반드시 주목해야 한다. "말을 닦는다"는 뜻의 수사가 바로 말을 일하도록 만드는 활동이었기 때문이다.

수사라는 표현은 《역경》 건괘(乾卦)의 의미를 해설한 〈문언전(文言傳)〉에 처음 나온다. 근대 이후 서양에서 유입된 레토리케의 번역어로 처음 등장한 표현이 아니라, 적어도 2000여 년이 넘는 인문적 두께를 지닌 표현이다. 다만 수사는 "수사입기성(修辭立其誠)"의 형태로 쓰여 "입기성", 그러니까 "말의 참됨을 실현하기"를 지향하는 활동으로 규정되었다. 〈문언전〉의 관련 대목이다.

> **"공자께서 말씀하셨다. 군자는 덕으로 나아가며 공업을 이룬다. 충실함과 미더움은 덕으로 나아가는 근거요, 말을 닦고 그 참됨을 실현함은 공업을 이루는 근거이다."**

인용문의 군자는 관리 등의 위정자를 가리킨다. 공업(業)은 '마땅히 해야 할 일'이라는 뜻으로, 여기서는 문맥상 위정자가 응당 해야 하는 일을 가리키므로 사회적 차원에서의 공적인 업적을 지시한다. 따라서 공업을 이룬다고 함은 군자로서 해야 할 일을 실천하여 공적을 쌓는다는 의미다. 그러니까 앞서 공자가 한 말인 "말을 닦아서 말의 참됨을 실현함"은 위정자가 맡은 바 직무를 충실하게 수행하여 공적인 업적을 이루는 데 기초이자 동력이 된다는 통찰인 셈이다.

이것이 바로 말이 일하게 한다고 함의 실상이다. 리더의 말은 늘 공적인 업적 쌓음으로 귀결되어야 한다. 그러기 위해서는 수사, 곧 말 닦음을 통하여 말을 일하게 함으로써 말에 고삐를 확실하게 맬 줄 알아야 한다. 그래야 말이 일하는 사회를 빚어가게 된다. 유권자는 날뛰는 말에 현혹되지 않고 책임 있게 국사를 처리할 동량을 가려낼 수도 있게 된다.

국사를 맡은 이의 말이 날뛰면 수사(搜査)를 초래할 가능성이 커지지만, 그의 말이 일하게 되면 그의 수사(修辭), 그러니까 말을 기초로 이루어 낸 공적이 한껏 빛나게 된다. 하여 그의 말은 늘 국민에게 든직함이 되고 선물이 된다. 리더라면 이런 모습을 지향할 줄 알아야 하지 않은가?

# 언어

리더는 무엇으로 무리를 이끄는가?

# 29

# 정치적 동물은
# 언어로 통치한다

**"지도자들은 언어에 존중과 희망을 담아내야 한다."**

-아리스토텔레스·이소크라테스

"인간은 정치적 동물이다." 여기에서 '정치적'이라는 말은 흔히 부정적으로 이해되곤 한다. 권력을 위해 권모술수도 불사하고, 권력을 쥐면 안하무인 군림하는 오만하고 비열한 '정치인'의 모습이 떠오르기 때문이다. 그러면서도 세상 선한 척, 정의로운 척하는 위선도 덧붙는다. 정말 이런 모습이 인간의 본성일까? 원래 뜻은 그렇지 않으니 '정치'는 매우 억울할 것 같다. "일그러진 것, 잘못된 것을 바로(正) 잡기 위해 막대기를 들어 친다(攴)"라는 뜻의 '정(政)'과 "세상만사가 평온하고 안정되게 물(水)처럼 흐르도록 다스리려, 사람들이 먹고사는 데 걱정이 없어 기뻐한다(台)"라는 뜻의 '치(治)'가 합쳐진 '정치(政治)'의 뜻은 얼마나 고결하고 아름다운가!

언어와 실제의 괴리는 '정치적'의 그리스어인 '폴리티코스(politikos)'를 따져 봐도 도드라진다. 아리스토텔레스가 "인간은 정치적 동물이다"라고 했을 때, 그 말은 권력 지향적 속성과는 거리가 있다. 인간은 혼자서는 살아갈 수 없고, 여럿이 모여 하나의 '폴리스(polis)'를 이루어 그 일원으로 살아가는 '공동체적(politikos)' 동물이라는 뜻이기 때문이다. 그래서 아리스토텔레스는 《정치학》에서 "공동체 없이 사는 사람은 모자란 사람이거나 인간 이상의 존재이다. 그런 사람은 장기판을 떠난 장기 말과 같다"라고 말한다. 바둑판을 떠난 돌을 '사석(死石)'이라고 하듯, 공동체를 떠난다면 인간은 죽은 것이나 마찬가지인 셈이다.

공동체를 구성하는 원동력은 무엇인가? 아리스토텔레스는 그것을 '말(logos)'이라고 한다. 벌이나 개미, 물고기 같은 동물들도 군집 생활을 하고, 그들도 그들만의 언어가 있는지는 모르겠지만, 인간이 말을 통해 소통하고 뜻을 모아 사회를 구성하는 것은 분명해 보인다. 그리스의 철학자이자 수사학자인 이소크라테스는《안티도시스(교환 소송에 관하여)》에서 이렇게 말했다.

> "우리는 서로를 설득하고, 우리가 논의하게 될 일들에 관해 자기 의견을 드러내는 능력 때문에 짐승처럼 살아가는 것에서 벗어날 수 있을 뿐만 아니라, 함께 모여서 도시를 이루며 살아왔고, 법을 세울 수 있었으며, 기술을 발견할 수 있었다. 우리가 고안한 것의 모든 것을 우리에게 마련해 준 힘, 그것이 바로 말이다."

공동체의 존립에 가장 중요한 것은 구성원들 사이의 애정과 신뢰, 존중과 배려이다. 그 바탕 위에서 책임과 자유, 연대, 공동체 의식이 무르익을 때, 국가는 건강하게 존립하며 지속가능성을 가지고 발전할 수 있다. 반대로 서로 미워하고 불신하며, 무시하고 배제한다면, 구성원들 사이에 균열과 갈등, 다툼이 고조되며 결국 공동체는 붕괴할 수밖에 없다. 이 모든 것을 가능하게 하는 힘, 그것이 바로 말이다.

이소크라테스는 말을 '영혼의 모상(eidolon)', '생각과 삶의 그림(eikon)'이라고 정의한다. 선한 영혼에서 좋은 생각이 솟아나고, 좋은 생각으로 삶이 꾸려져 나갈 때 훌륭한 삶이 이루어지는데, 이 모든 것이 멋진 그림처럼 명료하고 아름다운 말로 표현된다는 뜻이다. '어떤 말을 하느냐'가 그 사람의 인격을 그림처럼 보여 주며, 듣는 사람의 영혼에 자신의 이미지를 그리는 것이다.

따라서 흔히 '말발'이 좋다는 것을 이소크라테스 식으로 풀어 본다면, '말' 한마디 한마디를 잘 다듬어 생각을 올바르게 세우고, 영혼을 잘 돌보아 삶을 훌륭하게 이끌어 나간다는 뜻이 된다. 그리고 잘 다듬어진 언어로 진솔하게 소통하면 상대방과의 관계를 좋게 만들 수 있고, 그런 관계들이 모여 공론의 장을 구성한다면 구성원 모두가 함께 더 나은 '정치 공동체(polis)'를 만들어 나아갈 수 있을 것이다. 그러니 결국 '말발'이 좋은 것은 '정치발'이 좋은 것으로 귀결된다. 이런 점에서 특히 정치적 지도자들의 언어가 중요하다. 그들이 화합을 깨뜨리는 불신과 혐오의 언어를 버리고, 상호 존중과 사회적 희망을 담아내는 언어를 구사해야만 공동체를 올바른 방향으로 이끌어 나갈 수 있기 때문이다.

# 30

# 논리의 힘으로
# 다스려라

"조리를 세워 마땅하게 말함으로써
혼란을 다스린다."
-한비자

춘추전국시대는 '말발'의 시대이기도 했다. 공자는 축타 같은 말발이 없으면 지금 같은 세상에서 화를 면하기 어려울 것이라고 탄식했다. 평소에 교언영색 하는 이 가운데 어진 이는 드물다며 교묘한 말주변을 비판하던 공자조차 말발의 힘을 인정할 수밖에 없었을 정도였다.

말발이 행세하는 현상은 갈수록 만연했다. 제자백가의 시대는 학자들이 저마다 자신의 말발을 양껏 뽐냈던 시대이기도 했다. 이 시절 '말발'하면 둘째가기를 서러워했던 이들 가운데 장의라는 이가 있었다. 훗날 말을 종횡으로 치달리며 능수능란하게 구사했다는 점에서 '종횡가'라고 평가받은 인물이었다. 그가 하루는 위나라 왕 설득에 나섰다. 당시는 위나라를 비롯한 일곱 개 강대국이 상호간에 동맹과 적대를 반복하며 중원의 패권을 놓고 무한경쟁을 벌이던 시절이었다.

장의는 위나라 왕에게 진나라, 한나라와 동맹을 맺고 또 다른 강대국인 제나라와 초나라를 치자며 설득했다. 당시 위나라에는 화려한 말발로 유명했던 이가 재상을 맡고 있었다. 바로 혜시라는 인물이었다. 그는 장의와 정반대로 제나라, 초나라는 공격 대상이 아니라 동맹 대상이라며 왕을 설득했다. 그런데 장의는 말발만 대단했던 것이 아니라 정치력 또한 빼어났다. 그는 이미 혜시를 제외한 위나라 조정의 신하들을 모조리 자기편으로 구워삶아 놓은 상태였다. 결국 뭇 신하들이 장의 편을 들었고 왕은 이에 장의의 계책을 받아들였다.

상황이 이렇게 되자 혜시는 왕을 따로 뵈었다. 왕은 혜시가 들어오자 말했다. "선생은 말하지 말라. 제나라와 초나라를 정벌하는 일은 정말로 이롭고 온 나라 사람들도 다 그렇다고 여긴다." 그러자 혜시가 말했다.

**"제나라와 초나라를 치는 일이 정말로 이롭고 온 나라 사람들도 다 이롭다고 여긴다면, 이것이 어찌 지혜로운 자가 많아서이겠습니까? 토론함은 의혹이 있기 때문입니다. 의혹이란 옳다고 여기는 자가 절반이고 옳지 않다고 여기는 자가 절반인 것을 두고 말합니다. 왕께서는 왕의 결정을 온 나라 사람들이 옳다고 여긴다고 하시지만 실은 이는 왕께서 백성의 절반을 잃으신 것입니다."**

이 고사를 전하는 《한비자》에는 이 이후의 일은 기록되어 있지 않다. 다만 우리는 여기서 토론의 기본을 목도할 수 있다. 바로 상대방의 논리에 입각해서 상대방의 주장을 깬다는 전략이 그것이다. 혜시는 제나라, 초나라와 동맹을 맺어야 한다는 자기주장에 기초하여 왕을 설득하려 하지 않고, 왕의 논리에 입각하여 왕을 설득했다. 그러니까 제나라, 초나라를 공격하는 것이 이롭다는 왕의 판단에서 논의를 시작하고, 그러한 판단 탓에 백성의 절반을 잃는 결과가 초래됐음을 들어, 왕의 판단이 잘못됐음을 지적하였다. 자신의 논리에 기초해 상대방의 논리를 깨뜨리는 것이 아니라

말은 귀를 붙잡지만
타당함은 마음을 붙잡는다.

설득이란 말의 많고 적음에 있지 않고,
그 말이 사리에 맞는가에 달려 있다.

상대방의 논리로 상대방의 주장이 잘못됐음을 입증하는 전략을 구사했던 것이다.

이것이 토론이 생산적이고 품격을 갖추는 길의 하나다. 물론 이는 너무 당연하고 기본적인 것이 아닌가 싶을 수도 있다. 그렇다면 대통령 선거철이 되면 으레 진행되는 대통령 후보들의 TV 토론을 짚어 보자. 과연 이 기본이라는 것이 한 번이라도 제대로 구현된 적이 있는지를 말이다.

토론은 본래 싸우는 일과 거리가 한참 멀다. 토론의 토(討)는 '다스리다'는 의미이고 규범이라는 뜻을 내포하고 있다. 분란이나 갈등 따위가 일어나면 이를 규범에 맞게 다스려 정리하는 활동이 바로 '토'였다. 토론의 논(論)은 '조리를 세워 마땅하게 말하다'는 뜻이다. 그러니 '논'도 싸움과는 아무 관련이 없었다. 그래서 토론이 제대로 수행되면 갈등과 혼란 따위를 해소할 수 있게 된다. 토론을 하면 있던 갈등은 더욱 증폭되고 없던 갈등마저 새로 생겨나 혼란이 가중되는 것은 토론의 원뜻이나 취지와는 정반대된다. 옛 사람들도 능히 행할 줄 알던 토론의 기본을 오늘날 우리가 제대로 구현하지 못할 이유는 없을 것이다.

# 분별

어떻게 옳고 그름을
꿰뚫어 볼 것인가?

# 31

# 칼 대신 충만한 말로 설득하라

**"이성, 감성, 품성에 충실한 말이 설득의 초석이다."**

–호메로스

트로이아 전쟁의 영웅 아킬레우스의 아버지는 자식을 위해 포이닉스라는 스승을 붙여 주었다. '말을 유창하게 하되', 말만 하는 데에서 그치지 않고 '행동으로 실천하는 사람'으로 키워 달라고 당부했다. 호메로스의《일리아스》에 그려진 아킬레우스는 포이닉스의 교육이 성공했음을 보여 준다. 그는 전쟁터에서 용감하게 싸우고 빛나는 무공을 세웠을 뿐만 아니라, 그리스군이 위기에 봉착했을 때, 시의적절한 해결책을 내놓는 탁월한 연설가이기도 했다.

공동체를 이끄는 지도자의 힘은 일단 말에서 나온다. 자신감에 넘쳐 힘차게 울려 퍼지는 우아하고 품격 있는 말은 대중을 설득하고 난감한 분쟁을 해결하며 위기에 빠진 공동체에 빛을 비춘다. 헤시오도스는《신통기》에서 이런 지도자의 수사적 능력을 뮤즈 여신의 선물이라고 노래했다. 제우스가 점지한 '존경스러운 지도자의 혀 위에 뮤즈 여신들이 감미로운 이슬을 떨어뜨리면, 그의 입에서는 달콤한 말이 흘러나온다'는 것이다.

말이 사람들의 마음을 움직이고, 모두가 한마음 한뜻이 되어 행동하면, 말은 말에만 그치지 않고 현실이 된다. 그래서 지도자의 말은 공동체의 안정과 발전을 위해 아주 중요하다. 말발이 곧 '정치발'인 셈이다. 그러나 그의 말이 진실과 진정성을 담지 못하고 실천으로 뒷받침되지 못한다면, 그것은 거짓말이 되고 공허한 울림으로 흩어지고 만다. 당장 대중의 마음을 얻기 위해 현란한 말을 쏟아내며 현혹한다면, 거짓에 휘둘린 공동체는 위험에 빠지고 몰락하게 된다. 그래서 지도자는 말을 함부로 해선 안 된다.

아테네의 최고 교사였던 이소크라테스는 앞에서도 보았듯이 "말은 영혼을 보여 주는 모상"이며 "생각과 삶을 드러내는 그림"이라고 말했다. 그래서 '마음에도 없는 말'은 말이 아니며, '거짓말'에 불과하다. 따라서 말을 잘하려는 노력은 말로 표현되는 생각과 영혼과 삶을 돌보는 일이다.

아리스토텔레스는 연설가의 설득 기술을 철학적으로 체계화시켜 《수사학》을 내놓았다. 허위와 거짓을 그럴듯하게 만드는 소피스트적 궤변에 대중이 휘둘려 잘못된 선택을 하지 않기를 바라는 그의 간절한 마음이 구구절절 배어 있다. 진실과 정의에 선 연설가의 신념이 청중의 마음에 자리 잡을 때 설득은 이루어진다. 아리스토텔레스는 설득의 비결이 무엇인지를 진지하게 탐구했고, 세 가지가 필수적이라는 결론을 내놓았다.

첫째, 이성(logos)에 부합하는 정연한 논리로 사실에 충실할 것. 청중은 문제의 본질이 무엇인지를 궁금해하고, 가장 시의적절한 합리적 해결책을 원하기 때문이다. 이때 이성적인 접근은 가장 핵심적인 요소이다. 그러나 그것만으로 충분치 않다.

둘째, 청중의 감성(pathos)에 공감하며 정직하게 호소할 것. 연설가가 아무리 옳은 이야기를 해도 청중이 그럴 기분이 아니고, 관심이 딴 데 있다면 설득은 실패할 수 있기 때문이다.

셋째, 인격과 품성(ethos)으로 청중의 신뢰를 얻을 것. 연설가가 아무리 옳고 공감이 가는 이야기를 해도 청중이 근본적으로 그의 품성을 의심한다면 그에게 등을 돌리기 때문이다. 그래서 아리스토텔레스는 연설가의 품성이 설득에서 가장 강력한 힘을 갖는다고 말했다.

설득에 실패했는가? 그렇다면 내가 평소에 청중의 인격적 신뢰를 얻는 삶을 살았는지, 내가 하는 말이 사실에 부합하고 논리적으로 표현되었는지, 청중의 감정을 헤아려 충분히 공감했는지를 점검해 볼 일이다. 상대의 마음을 알아야 내 마음을 전달할 수 있고, 말의 속성을 잘 알아야 내 마음을 말에 담아낼 수 있기 때문이다.

# 32

# 말에는 사람의 마음이 묻어난다

"말과 마음 사이에는
인간의 갖은 욕망과 탐욕이 도사리고 있다."
-맹자

유가에서 '한 말발 한다'고 하면 단연 맹자를 꼽는다. 맹자의 장점으로 그의 시원시원한 언사와 명쾌한 논리를 꼽아 온 역사가 적어도 천 년이 넘을 정도이다. 물론 서구 논리학에 익숙한 오늘날의 눈으로 보자면 정합적이지 못한 대목이 있음도 사실이다. 그러니 이렇게 정리할 수 있다. 논리적 하자가 있음에도 이를 문제 삼을 겨를이 없을 정도로 맹자는 기세 좋게 말을 잘했다고 말이다.

명성도 자자했다. 제자가 "사람들이 스승님께서 논변하기를 즐긴다고 합니다. 특별한 이유가 있으신지요?"라고 물을 정도였다. 이에 맹자는 성현의 도가 먹히지 않고 이단의 학설이 횡행하는 현실에서 취한 어쩔 수 없는 선택이라고 잘라 말했다. 성현의 도는 중국을 만들어 온 핵심이다. 그러한 성현의 도를 수호하기 위해, 곧 중국의 문명을 수호하기 위해 어쩔 수 없이 논변에 적극 나설 수밖에 없었다는 뜻이다. 맹자가 살았던 시대는 달변만으로도 크게 출세할 수 있었던지라 그저 말주변만 열심히 갈고 닦는 이들이 많았다. 맹자는 그러한 세태와 자신이 무관함을 역설한 셈이다.

그도 그럴 것이 맹자는 자신의 양대 장점 중 하나로 말을 아는 역량, 곧 지언(知言)의 역량을 꼽았다. 말을 익혀 출세 도구로 사용하는 것 대신에 그는 말을 통해 사람의 마음을 파악하고자 했다. 이를테면 누군가가 한쪽으로 치우친 말을 하면 그가 숨기는 바를 알아차리며, 과도한 말을 하면 그가 무엇에 빠져 있는지를 파악한다는 것이다. 삿된 말을 듣고는 그가 어떤 일탈을 벌이고 있는지를, 둘러대는 말을 듣고는 그가 무엇 때문에 궁색해졌는지를 간파했다. 이렇듯 말을 통해 그 사람의 마음을 파악하는 것이 바로 말을 안다고 할 때의 실상이었다. 지언은 다름 아닌 말한 이의 마음을 아는 '지심(知心)'이었음이다.

이는 말의 표면만 듣지 말고, 문면의 뜻을 통해 그 내면에 들어 있는 바를 캐내야 한다는 주문이다. 말은 소리와 의미로 이루어져 있고, 의미에는 다시 표면과 심층의 두 차원이 있음은 만고불변의 진실이기에 지언은 지심이어야 한다는 맹자의 주장은 늘 힘차다. 말하기 또한 마찬가지다. 말을 함은 마음을 드러내는 활동 자체이다. 내가 말을 치우치거나 과도하게 혹은 삿되거나 둘러대면서 하고 있다면 이는 내가 그러한 마음을 품고 있음의 증좌이다. 이를 알아차리는 것 또한 지언이다. 지언은 이렇듯 남의 말과 마음을 정확히 파악하는 것뿐 아니라 자신의 말과 마음도 제대로 인식하는 역량이다.

언뜻 말을 통해 마음을 알아낸다는 것은 누구나 할 수 있는, 그리 어려운 일도 아니지 않느냐는 생각이 들 수도 있다. 그런데 실제는 전혀 그렇지 않다. 말과 마음 사이에는 인간의 갖은 욕망과 탐욕, 속물근성 등이 도사리고 있다. 게다가 인간은 타인은 물론 자신도 속일 수 있고, 자기와의 타협에 명수이기도 하다. 그래서 맹자는 지언의 역량을 호연지기(浩然之氣)와 더불어 자신의 대표 경쟁력으로 당당하게 꼽았던 것이다. 지언의 역량을 갖춤이 결코 쉬운 일이 아니었기 때문이다.

그가 지언의 역량을 치자(治者)와 연결한 이유도 여기에 있다.

치자는 누리는 게 많고 행사하는 힘도 크다. 말로 자신을 속이고 남을 기망하기 쉬운 자리이다. 그런 만큼 치자는 타인이 어떤 마음으로 무엇을 말했는지를 들을 줄 알아야 하며, 자기가 어떤 마음으로 무슨 말을 하는지를 자각하며 말할 줄 알아야 한다. 그랬을 때 말과 마음이 서로를 배반하는 작태 따위는 애초부터 발을 못 붙이게 된다.

이는 정치인에게만 해당하는 것이 아니다. 맹자 시절의 치자에는 오늘날의 정치인과 유권자 모두가 해당된다. 정치인이 아무리 자기들 것인 양 휘둘러대도 권력은 엄연히 유권자로부터 나온다. 선거철만 되면 협잡의 언사가, 비겁과 겁박의 언사가 선거판을 뒤덮고 있다면 그 책임을 정치인에게만 물을 수는 없다. 유권자의 책임이 더욱 커 보이기도 한다. 유권자가 자신이 지닌 지언의 역량을 애써 모른 척, 행사하지 않은 결과일 수 있기에 그러하다.

선거에서 찍을 후보가 없다며 탄식할 때는 아니다. 혼탁한 선거판이 유권자가 지언의 역량을 발휘하지 않아 초래된 병폐라면 이를 바로잡는 것 또한 유권자의 몫이다. 자기 말에 담아낼 마음이 일천하고 상대를 설득할 능력이 없는, 유권자를 설득이나 협력의 대상이 아니라 협잡이나 겁박의 대상으로 간주하는 정치인을 바로잡을 이가 유권자 말고 또 누가 있겠는가.

# 품격

---

## 사람의 마음은 언제 움직이는가?

# 때에 맞는
# 말과 행동을 하라

"두 가지 경우에만 말하라.
네가 확실히 아는 것일 때와 말하는 것이
침묵하는 것보다 더 나을 때."
–이소크라테스

기원전 393년 이소크라테스는 아테네 도성 동남쪽의 아폴론 성지인 리케이온에 학교를 세웠다. '철학'을 교육의 핵심으로 내걸었지만, '말의 교육'을 위한 수사학 학교였다. 그는 말이란 '영혼의 모상'이며, 따라서 말을 교육한다는 것은 영혼을 돌보는 것이라고 생각했다. 철학이란 원래 '지혜(소피아, sophia)'를 '사랑하기(필로, philo)'를 뜻하는 '필로소피아(philosophia)'였는데, 그에게 참된 '소피아'란 우리 삶의 여러 문제에 관한 시의적절한 의견(doxa)을 말(logos)로 표현하여 소통하고 설득하는 능력이었다. 이때 시의적절함에 해당하는 말이 '카이로스(kairos)'다.

그리스 사람들은 시간을 둘로 나누었다. 시곗바늘 따라 끊임없이 흘러가는 물리적 시간을 '크로노스(chronos)'라고 했고, 어떤 특정한 행동과 말에 적합한 결정적인 시간을 '카이로스'라고 했다. 둘 다 신격화되었다. 그리스 서사 시인인 헤시오도스에 따르면 크로노스는 시간의 신으로서 신들의 왕 제우스의 아버지였고, 그리스의 기행문 작가 파우사니아스의 기록에 따르면 키오스 출신의 시인 이온은 카이로스를 제우스의 막내아들이라고 노래했다. 제우스는 영원한 권력을 쥐고 난 뒤 '모든 것의 원인인 제우스'라는 별명을 얻었던 터라, 시간과 관련된 신화적 부자 관계는 나름대로 의미가 있다. 끊임없이 흐르는 시간 크로노스 속에서 특정한 이유와 원인이 개입되면, 결정적인 순간 카이로스가 반짝이며 생겨나는 것이다. 모든 일에서 성공하려면 카이로스를 잡아야 한다.

카이로스는 젊고 잘생긴 청년의 모습인데, 특이하게도 만주인의 변발처럼 한 줄기 머리채가 길게 늘어져 있다. 그런데 뒤통수가 아니라 머리 앞쪽에 달려 있고 눈썹 아래로 흘러내렸다. 카이로스가 내 앞에 다가와 마주하고 있을 때는 그 머리채를 잡기 쉽지만, 그가 등을 돌리고 달아나면 도무지 잡을 수가 없는 것이다. 잡으려고 하면 뒤통수가 대머리이기 때문이다. 게다가 그는 날개 달린 샌들을 신고 바람처럼 날고 뛰어가니 그 머리채를 잡을 재간이 없다. 결정적인 순간은 자주 오는 것이 아니니, 나를 찾아왔을 때 얼른 잡지 못하면 영영 잡을 수 없다는 신화적 상징이다.

이소크라테스는 말에도 행동에도 카이로스가 있고, 그것에 맞춰 말과 행동을 하는 것이 성공의 비결이라고 생각했다. 그런데 아테네 정치판은 그렇지 못했다. 인류 최초로 민주정을 실시한 아테네는 모든 시민이 정치에 참여할 수 있는 권리와 의무가 있었다. 민회에 나가 입법과 정책 결정에 참여할 수 있었고, 법정 다툼에 엮이면 검사나 변호사처럼 본인이 직접 연설해야 했다. 공적인 연설을 한다는 것은 특정한 사람이 아니라 시민 모두의 몫이었다. 이때 소피스트들이 두각을 나타냈다. 그들은 법정에서나 의회에서 청중을 설득하고 논쟁에서 승리할 수 있는 연설의 기술, 즉 수사학을 가르쳐 주겠다며 사람들을 끌어모아 교육계를 주도했고, 정치판에 주도권을 잡고 싶어 하는 지도자급 인사들에 직접적인 영향력을 행사했다.

이런 상황을 개탄하며 이소크라테스가 나섰던 것이다. 학교를 세우고 〈소피스트 반박〉이라는 글을 출사표로 던졌다.

**"지금 교육자들이 진실을 말하고 자신들의 능력을 벗어난 약속을 하지 않는다면 시민들로부터 비난받지는 않을 것입니다. 그러나 지금 분별없이 무모하게 허풍을 떠는 사람들이 설쳐댑니다. (…) 진실을 추구하는 체하지만, 입을 열자마자 곧 거짓말을 해댑니다. (…) 말을 잘하는 데에는 잔뜩 신경을 쓰면서도, 정작 행동의 모순에는 신경을 쓰지 않습니다."**

바로 이들이 소피스트와 그 무리였다. 이들은 정치판에 나서서 우월성을 과시하듯, 너무 많은 말을 쏟아내며 여론을 주도했다. 말의 홍수 속에서 시민들은 극한의 피로감을 느꼈을 법하다. 말은 많지만 쓸 만한 말은 별로 없고, 아테네의 어려움을 극복하는 말 대신 사사로운 이익만을 챙기려는 흑심의 말들만 난무한 상황. 카이로스에 맞는 '시언(時言)'이 부재한 절실한 상황을 이소크라테스가 신랄하게 비판했던 것이다. 그리고 그의 외침은 그때 거기에만 유효한 것이 아니라, 지금 여기 우리에게도 생생하게 울려 퍼지고 있다.

# 34

# 리더십은
# 뿌리 있는 말에서 나온다

"말을 따져서 그에 상응하는 결과를
책임지게 한다."
–한비자

말에는 본래 뿌리가 있어 뿌리를 잃어버린 말은 말로 쳐주지도 않았다. 하지만 지금은 말에는 본래 뿌리가 없었다고 하는 편이 현실에 한결 부합할 듯싶다. 동서고금의 역사를 슬쩍만 봐도 말이 뿌리와 붙어 있던 시절보다는 뿌리를 팽개치고 멋대로 나돌아 다닌 시절이 훨씬 더 길었으니 말이다.

공자 때도 그러했다. 당시도 실제 역량과 무관하게 말만 잘하면 너끈히 출세할 수 있는 세상이었다. 교묘한 말이 도덕을 문란케 하였고, 심지어 그럴싸한 말주변이 없으면 화를 피하기 어려운 시절이었다. 엎친 데 덮친 격으로 이러한 세태는 공자 이후로도 수백 년간 지속되었다. 급기야 "유언비어가 많은데도 사실 여부를 살피지 않은 채 서로 헐뜯거나 추켜올리는 데 힘썼고, 헐뜯고 추켜올리면서 파당을 이루었다. 온갖 말들이 하늘까지 가득하여 유능함과 무능함이 구분되지 않는"《여씨춘추》 사뭇 혼란한 지경에 이르렀다. 사정이 이렇다 보니 공자를 위시하여 적잖은 제자백가들이 "지언(말을 따져 알다)"과 함께 "찰언(察言, 말을 살피다)"과 같은 말 듣기 역량의 구비를 강조할 수밖에 없었다. 여기서 말을 살피고 따져 안다는 것은 발화된 말의 뿌리가 있는지, 있다면 말이 그 뿌리와 부합하는지 등을 헤아려 본다는 뜻이다.

공자는 말의 뿌리로 실천, 곧 행위를 꼽았다. 언행이 일치되면 그 말은 참된 것이고, 그렇지 않으면 그 말은 못된 것이라고 여겼다. 행함에 기초하여 말하든지, 말부터 먼저 했다면 반드시 말한 대로 행해야 한다는 사유였다. 그가 보기에 말은 참되어야 자신에게도 또 세상에도 도움이 되는데, 그러기 위해서는 말은 반드시 실천이란 도덕 역량과 결합해야 했다. 따라서 말을 살피고 따져 안다고 함은 말한 이의 도덕 역량을 검증하는 것이 된다. 말만으로는 그 사람을 알거나 믿을 수 없다는 뜻이니, 말만 듣고 그 사람의 도덕성을 믿는다면 십중팔구 화를 면하지 못하게 된다며 경고했다.

물론 말을 도덕 역량과 결부하는 공자의 관점이 우리 사회에선 그다지 통용될 것 같지는 않다. 사회적으로 법적 일탈과 도덕적 일탈이 무슨 문제이겠냐는 풍조가 만연해졌고, 그 결과 공적 영역에서조차 도덕 역량이 가뿐히 경시되고 있다. 사실 이득을 조금이라도 더 볼 수 있다면, 다소라도 더 편해질 수 있다면 도덕적 문제 따위에는 기꺼이 눈 감을 수 있다는 태도가 깊고도 넓게 퍼진 지도 꽤 되었다. 말하기에 대한 공자의 경고가 무기력해질 수밖에 없는 저간의 사정이다.

그러면 한비자의 제언은 어떠한가? 그는 도덕 역량은 전혀 문제 삼지 않고 실제로 행한 일의 성과만을 말의 뿌리로 삼았다. 참된 말과 못된 말을 가르는 기준은 말과 실제 행한 결과의 일치 여부라는 것이다. 따라서 남의 말을 들을 때도 그가 한 말과 실제 행한 결과를 대조한 후 일치하면 그때 믿어야 했다. 그는 말을 듣고서 실제 결과와 맞추어 보지 않으면, 책임을 추궁할 수 없게 되어 간사한 말들에 의해 점령된다고 보았다. "말을 듣되 실제와 대조해보지 않으면 권력이 간악한 자에게 나누어진다"고도 단호히 말했다. 못된 말들이 활개 치는 데는 듣는 이들의 책임도 있다는 얘기다. 사람들이 듣기 역량을 갖추고 이를 제때 발휘했다면 그러한 적폐가 일상이 되는 일은 불가능했다는 뜻이다.

이미 지난 세월 숱하게 경험했듯이 정치인에게 뿌리 갖춘 말을 요구해 봤자 말짱 헛일이다. 그들은 오히려 대놓고 뿌리를 갖춘 말을 꺼려 하기도 한다. 그렇다고 주권자인 시민이 이를 방기하고 용납할 수는 없다. 그들이 내뱉는 못된 말이 세상에 횡행하면 할수록 시민의 이익과 행복은 줄어들 것이 빤하기에 그렇다. 그래서 시민만이라도 말 듣기 역량을 최대한 갖추고 이를 적극 발휘해야 한다.

# 세상은 왜 이토록 불완전한가

# 혐오

왜 혐오를 정당한 분노라
착각하는가?

# 35

# 누군가를 혐오할 권리는 없다

"숙고하지 않는 삶은 살 가치가 없다."

-플라톤

그리스 문명을 서양 문명의 뿌리라고 한다. 그 기점이 된 시기는 아테네가 문화적 전성기를 누리던 그리스 고전기다. 한 분야에서 가장 탁월한 것으로 평가되며, 다른 이들이 따라야 할 모범 노릇을 하는 것을 '고전(classic)'이라고 하는데, 바로 그 시기에 서양 문명의 위대한 고전적 성취들이 대거 이루어졌기 때문이다. 학자들은 기원전 480년부터 323년까지를 딱 꼬집어 말한다. 기원전 480년은 그리스를 침략한 동방의 페르시아가 두 차례 침략을 최종적으로 막아 낸 상징적인 해이며, 기원전 323년은 페르시아를 정복한 알렉산드로스가 사망한 해다. 이것만 보면 그리스 고전기란 정치·외교적으로는 페르시아와의 관계 속에서 규정된다고 할 수 있다.

　이 시기를 대표하는 인물을 꼽으라면 단연 소크라테스다. 공자와 석가모니, 예수와 함께 '세계 4대 성인'으로 불리곤 하던 아테네의 철학자, 그는 서양철학의 진정한 출발점으로 꼽히기도 한다. "숙고하지 않는 삶은 살 가치가 없다"라며 자기 자신에 대한 성찰을 끊임없이 강조하는 그는 혼란 속에서 진리와 참된 지식, 그리고 아름다운 나라를 꿈꾸며 수많은 사람과 대화를 나눈 '길거리의 철학자'였다. 그가 살던 시기는 아테네와 스파르타가 협력하여 페르시아의 대규모 침략을 막은 뒤, 그리스 전체 패권을 두고 펠로폰네소스 전쟁을 벌인 격동기였다. 전쟁은 스파르타의 승리로 끝났지만, 그 이후에도 그리스에는 평화가 정착되지 못했고 숱한 갈등이 지속되었다. 건너편 페르시아는 이런 갈등을 조장하며 호시

탐탐 그리스를 노리고 있었다.

소크라테스는 한 권의 책도, 한 줄의 글도 남기지 않았다. 대신 그의 제자 플라톤이 30여 권이 넘는 책에서 그를 주인공으로 한 철학적 대화편을 썼기에 그의 이름이 영원히 빛나고 있다. 그 가운데《메넥세노스》가 있다. 플라톤은 소크라테스의 입을 빌려 신화적 전쟁인 아마조네스 전쟁에서부터 펠로폰네소스 전쟁을 포함해 반(反)스파르타 전쟁인 코린토스 전쟁에 이르기까지 조국을 위해 싸우다 전사한 아테네 용사들의 넋을 기리기 위한 추모 연설을 펼친다. 그 가운데 이런 구절이 있다.

**"아테네의 고귀하고 자유로운 기풍은 견고하고 강하며, 태생적으로 이민족을 혐오합니다. 이것은 우리가 순수한 그리스 사람이자 이민족의 피가 섞이지 않았기 때문입니다. 그래서 아테네 사람들에게는 다른 민족에 대한 순수한 혐오가 몸에 배게 된 것입니다."**

스파르타가 그리스의 패권을 차지하기 위해서 그리스의 일부 도시를 넘기면서까지 페르시아와 결탁하던 것과 달리, 아테네는 외세를 거부하고 오롯이 그리스의 이익만을 위해 싸운다는 사실을 부각하는 말이었다.

그래도 그렇지, 천하의 소크라테스가 '다른 민족에 대한 혐오(misobarbaros)'를 공공연히 찬양하다니 충격적이지 않을 수 없다.

원래 그리스 말에서 '바르바로스(barbaros)'는 알아들을 수 없는 다른 말을 쓰는 이방의 사람들을 가리켰다. 그러나 페르시아 전쟁을 거치고 난 뒤, 이 말은 그리스를 침략한 페르시아의 야만성을 지칭하는 대명사로 쓰였다. 그래서 그들의 말뿐만 아니라 그들의 문화나 습성, 생각이나 본성이 단순히 우리와 다르다는 수준을 넘어 아예 틀려먹었다는 반감과 멸시, '혐오(misos)'의 언어로 발전했고 '야만인'이라는 뜻이 되었다. 이렇듯 '다름'을 다름으로 인정하지 않고 '틀림'으로 규정하는 순간, 독선과 함께 혐오는 불거진다. 나만이 옳고 다른 사람이 틀렸다고 생각하고, 내 이익을 위해 다른 이를 공격하고 약탈하는 탐욕의 순간, 그 혐오는 서로에게 치유하기 어렵고 돌이킬 수 없는 것이 된다. 그 극단의 대규모 양상이 바로 전쟁이다. 전쟁의 와중에서 소크라테스마저 이민족의 혐오를 아테네인의 고귀하고 자유로운 기풍과 연결시키는 모습은 일견 결연해 보이지만, 결국 서글픈 인류의 비극적 초상이다.

그러나 그것은 먼 옛날 다른 나라 이야기가 아니다. 나만이 옳고 다른 사람은 틀렸다고 생각하며, 그것을 반드시 바로잡아야만 한다고 고집스럽게 대들다가 충돌하고 마는 우리의 일상에도 여전히 깃들어 있다. 개인의 충돌, 세대 간의 갈등, 남녀와 계층 사이의 갈등이 다름을 넘어 혐오로 물들 때, 그 혐오를 정의와 순수성으로 착각하거나 포장하고 정당화할 때, 사회는 멍들고 병들어 간다는 것을 성찰해야 할 것이다.

# 36

# 혐오는
# 혐오를 먹고 자란다

"혐오는 정신의 바이러스다."

-공자

주지하듯이 공자는 오랜 세월 동안 성인 중의 성인으로 떠받들어져 왔다. 그렇다 보니 그의 말, 행동 하나하나는 최대치로 우호적으로 해석되었다. 다음도 그러한 사례이다.

**"장공께서 제수의 서쪽에서 침략해 온 융족을 몰아냈다. 《춘추(春秋)》에 융족의 침입 사실이 기록되지 않은 것은 융족 이야기를 입에 담는 것 자체를 꺼렸기 때문이다."**

《춘추》는 공자가 춘추시대의 역사를 수록한 책이다. 성인 공자의 손에서 나온 만큼 역사서임에도 핵심 경전으로 대접받았다. 《춘추좌전(春秋左傳)》은 《춘추》를 해설한 책으로, 인용문의 요점은 노나라 군주 장공이 '서쪽 오랑캐'의 일원인 융족을 물리친 역사적 사실이 있었음에도 공자는 '오랑캐'를 입에 담기조차 꺼려 하여 이를 《춘추》에 기록하지 않았다는 내용이다.

언뜻 역사책을 쓰며 역사적 사실을 의도적으로 누락했다며 공자를 비판하는 것처럼 보이지만 실은 그 반대다. 공자는 성인답게 '오랑캐'에 대해 단호하고 철저했다며 그를 높인 것이다. 공자의 이러한 태도는 "중국에 군주가 없는 것이 이적(오랑캐)에게 좋은 임금이 있는 것보다 낫다"(《논어》)는 언급에서도 목도된다. 성인 공자이기에 할 수 있는 행위이자 말이라고 상찬되었지만, 지금 보면 이민족에 대한 공자의 혐오를 적나라하게 보여 주는 언행일 뿐이다. 성인 공자조차 혐오 앞에선 필부와 다를 게 없다.

《춘추좌전》에 따르면, 중국인들이 이민족을 혐오한 근거는 크게 두 가지다. 하나는 말이 통하지 않는다는 것이고, 다른 하나는 중국의 예법이 지켜지지 않는다는 것이다. 이는 이민족의 말과 예법을 어엿한 말과 예법으로 인정하지 않는 태도로, 서로 간의 다름을 긍정의 대상이 아니라 혐오의 대상으로 삼게 된 근거였다.

문제는 혐오는 결코 혐오에서 멈추지 않는다는 점이다. 혐오는 혐오를 먹고 자라며, 혐오 자체로의 과몰입을 유발한다. 또한 혐오는 다른 혐오를 낳으며 신속하게 전파된다. 만연한 혐오는 종종 전쟁이라는 거대 폭력으로 이어지기도 한다. 혐오에 물든 이에게 혐오 대상은 제거해야 할 대상일 뿐이기에 그러하다. 공자의 시대 이민족을 '오랑캐'라 부르며 "여우와 살쾡이가 살고 승냥이와 이리가 울부짖는 곳과 같이 인간이 살 수 없는 곳"《춘추좌전》에 사는, 그렇기에 그저 사냥 대상으로 여긴 것처럼 말이다. 동서고금을 막론하고 전쟁에는 혐오가 곧잘 개입되고 학살이나 강간, 무차별적 파괴 등이 혐오의 이름 아래 용인되고 심지어 정당화되기까지 하는 까닭이다.

수년 째 지속되고 있는 러시아와 우크라이나 간 전쟁도 예외가 아니다. 러시아의 야욕이 초래한 살상과 파괴의 이면에서는 어김없이 혐오가 드러난다. 2014년 우크라이나의 돈바스 내전 당시 우크라이나나 러시아 모두 서로를 혐오하는 네오나치들로 구성된 군대를 투입했고, 참혹한 살상과 잔인한 폭력이 자행되었다. 당시 우크라이나 측의 민병대로 참전했던 병력은 현재 정규군으로 참전하고 있다. 게다가 타국의 혐오주의자들도 집결하고 있다. 이들은 언젠가 자기 나라에서 자신들이 일으킨 내전을 치를 수도 있다는 생각에서 실전 경험을 쌓고자 의용병으로 참전했다고 한다. 이로써 또 다른 혐오 폭력으로 이어질 씨앗이 뿌려진 셈이다.

매년 3월 21일은 유엔이 정한 '세계 인종차별 철폐의 날'이다. 우리나라에서는 인종차별이 우리 사회와 별 관계없다고 여겨서 그런지 주목받지 못하곤 한다. 그러나 인종차별은 혐오의 대표 격이라는 점에서 인종차별 철폐는 혐오 철폐로 읽을 필요가 있다. 그랬을 때 우리는 이 날과 절대 무관할 수 없다. 선거 때면 첨예하게 드러나듯이 다른 성, 세대, 지역, 국가에 대한 혐오가 내면화되고 일상화되고 있기 때문이다.

혐오는 정신의 바이러스다. 개체가 감염되면 개체가 피폐해지고 사회가 감염되면 전쟁 같은 거대 폭력을 야기하며 공멸에 이르게 한다. 게다가 바이러스는 악인만 감염시키지 않는다. 성인 공자조차 하릴없이 감염되어 큰 오점을 남겼다. 누구든 경각심을 갖고 혐오 항체를 갖추어야 하는 이유다.

# 차별

유리천장은 정말로 깨졌는가?

# 아테네는 왜
# 여성을 배제했나

"나는 이 도시를
여자들에게 넘겨 줄 것을 제안한다."
–아리스토파네스·플라톤

"대한민국은 민주공화국이다." 우리 헌법 제1조 1항인데, 흥미롭게도 서양 고대문명에 뿌리를 두고 있다. '민주(Demokratia)'는 기원전 508년 그리스 아테네의 시민들이 독재적인 참주 히피아스를 몰아내면서 탄생했고, '공화'는 그보다 한 해 전에 로마에서 왕정을 무너뜨리면서 시작되었기 때문이다. 그런데 로마나 아테네나 새로운 정치적 개혁의 혜택은 모두 자국 남성 성인에게만 돌아갔다. 노예나 어린이, 외국인은 물론, 자국의 성인 여성마저도 정치적 권리에서 배제되었다. 법과 정치적 권한에서 남녀평등이 당연한 것처럼 여기는 요즘의 시선으로 보면, '여성을 배제해 놓고, 그게 무슨 민주고 공화냐?'라고 반문할 수 있다. 그런 점에서 본다면, 민주와 공화의 발전은 정치적으로 배제되었던 여성의 권한이 점점 확장되는 역사에서 도모되어 온 것 같다. 그것도 인류 문명사를 돌아보면 최근에 급속도로 진행된 일이다.

당시에도 남성만의 정치판에 대해 불만이 많았던 모양이다. '왜 여성들은 정치판에서 배제되어야 하나?', '남자들만이 나랏일을 잘할 수 있는가, 잘하고 있긴 하나?' 하는 의문과 거기에 깔린 불만은 여성들만의 것도 아니었다. 위기의 상황에서 남성들의 무능을 폭로하고 여성들의 활약에 대한 기대감을 한껏 표방한 남성 시인과 철학자의 글이 그 명백한 증거다.

기원전 431년 아테네와 스파르타가 전쟁을 일으켰을 때, 아테네의 희극 작가 아리스토파네스는 전쟁을 비판하는 여러 편의 희극 작품을 발표했다. 아테네 시민 대부분이 관람하는 가운데, 그는 리시스트라테라는 여인을 무대에 올렸다. 그녀는 아테네와 스파르타의 여인들을 모아 남성들이 일으킨 무모하고 무익한 전쟁을 끝내기 위해 분연히 일어섰다. 그런데 그녀들의 저항 방법이 신박하다 못해 충격적이다. '섹스 파업'을 일으켜 남성들을 굴복시킨 것이다. '거시기' 하나 제대로 다스리지 못하는 발정 난 강아지 같은 사내들이 전쟁을 하겠다고 설쳐대는 꼴에, 당찬 여성이 세차게 한 방 제대로 먹인 것이다.

여성들의 유능함에 대한 아리스토파네스의 희망은 전쟁이 끝나고 기원전 392년에 발표한 《여인들의 민회》에서 훨씬 더 적극적으로 표현되었다.

> **"(남자들이란) 공금에서 일당을 받으면서도 저마다 사리사욕을 채울 궁리만 하고 있으니 공익이 휘청거린다. (…) 우리는 도시를 여인들에게 넘기되 그들이 무엇을 하려고 하는지 캐묻지 말고 그냥 통치하게 하자!"**

여성들이 남성들보다 여러 면에서 자질이 더 우수하고, 무엇보다도 남성들보다 훨씬 더 평화적이라 한다.

마침내 남성들로 변장한 여인들이 민회로 들어가 여성의 시정 참여를 허용하는 입법을 통과시켰다. 물론 실제로 이런 일이 일어난 것은 아니다. 그저 문학적 상상력으로 꾸며진 무대 위에서 공연된 희극으로 소비되었을 뿐이다.

그로부터 10여 년이 지난 후, 철학자 플라톤은 《국가》에서 같은 목소리를 냈다. 정치 지도자가 되는 길을 남성에게는 허용하면서 여성의 진입을 막는 것은, 마치 대머리가 구두를 만드는 일을 잘한다고 해서 장발의 장인이 제화공이 되는 것을 금하는 것과 같이 불합리하다고 했다. 여성과 남성 사이의 신체적·생물학적 차이는 대머리와 장발의 차이만큼이나 국가의 통치와 관련된 일을 맡는 데에 아무런 영향이 없다는 것이다. 성별이 아니라 능력에 따라 정치적 직무를 적절하게 맡길 때, 국가가 안정되고 발전할 수 있다고 한다. 이 주장 역시 당시 그리스에서는 그 어느 곳에서도 실현되지 못했고, 철학적 논의의 공간 안에서만 갇혀 있었다.

지금 여기, 우리는 어떤가? 그들의 과감한 정치적 상상력은 당시에는 시대의 한계에 갇혀 있었지만, 역사의 흐름 속에서 힘을 얻어 마침내 실현되었다. 여성들이 의회와 행정에 참여하고, 최고 지도자에 선출되기도 한다. 아리스토파네스와 플라톤이 꿈꾸었던 것들이 실현된 것이다. 그러나 그들의 꿈이 충분히 실현되었다고 평가할 수 있는가? 아니면 여전히 제한적인가? 여성이 공적 영역에서 얼마나 실질적이고 적극적으로 능력을 펼치고 있고, 제도적으로 보장되고 있는가? 혹시 지금의 방법으로 아리스토파네스의 희극에서처럼 희화적으로 소비되고, 플라톤의 담론에서처럼 당위적으로 표방되고 있을 뿐 실현되고 있지 못하고 있는 것은 아닌지 돌아볼 필요가 있다.

# 38

# 누구의 아내도
# 누구의 딸도 아닌

"내가 비록 여인이나,
황제의 잘못을 바로잡는 칼이 되리라."
–여웅

15세기 초엽, 힘센 숙부가 어린 조카의 황위를 찬탈하는 사건이 벌어졌다. 명의 3대 황제 영락제 이야기다. 그는 수년에 걸친 전투 끝에 조카 건문제를 죽이고 황제 자리를 꿰찼다. 그러나 앞길이 순탄치는 않았다. 수년간 치렀던 전투의 후유증도 컸고 자연재해도 반복되었다. 백성의 생활은 갈수록 피폐해졌고 급기야 민중 봉기가 일어났다.

인천과 마주 보는 지역인 산동성에서도 반란이 일어났다. 자못 주목할 만한 반란이었다. 반란군의 수장이 평민 출신으로 '불모(佛母)'라고 불리는 여성이었기 때문이다. 불모는 석가모니의 모친이라는 뜻이니, 불교 신자에게는 천주교의 성모 마리아에 해당하는 영향력을 지닌 존재였다. 그래서였을까? 반란군의 초반 기세는 등등했다. 산동성의 주요 거점을 차례로 점령해 갔다. 하지만 오래 버티지 못하고, 결국 영락제가 파견한 군대에 의해 진압당했다. 그런데 신기한 일이 발생했다. 반란군의 수장이었던 여인의 행방이 묘연했다. 불모라 불리던 '당새아'란 여성 지도자 말이다.

신기한 일이 300년가량 흐른 18세기에 또 발생했다. 사라졌던 당새아의 이름이 다시 세간에 널리 알려졌다. 전에는 반란을 이끈 실존했던 여성 지도자로서라면 이번에는 소설 속 여성 장군으로 말이다. 여웅이라는 무명 서생이 지은 《여선외사》라는 장편 대작 속에서의 일이었다. '여선외사'에서 '여선(女仙)'은 여성 신선이라는 뜻으로 주인공 당새아를 가리킨다. 소설에서 그녀는 달의 여신인 항아의 화신이었다. '외사(外史)'는 역사의 바깥, 그러니까 정식 역사가 아니라는 뜻이다. 그러나 소설에서 다룬 사건의 원형은 300여 년 전 당새아가 일으킨 실재했던 반란이었다.

소설에서의 반란 동기는 민중의 생활고가 아니라 영락제의 황위 찬탈이었다. 명 조정의 정통성은 건문제에 있고 영락제는 불법으로 황위를 찬탈한 역적인 만큼 '역적 영락제'를 토벌하기 위해 반란을 일으켰다는 것이다. 그런데 당새아 진용의 지휘부가 사뭇 예사롭지 않다. 주요 장수가 모두 여성이다. 당새아는 선계에서 억울하게 죄를 짓는다. 그러자 상제는 인간계로 내려가 영락제의 황위 찬탈이란 잘못을 바로잡음으로써 속죄하라는 명령을 내린다. 이에 평민으로 환생했고, 같이 환생한 선계와 마계 출신 여성 장수들의 도움 아래 영락제를 진압함으로써 옥황상제로부터 받은 미션을 완수한다.

그렇다고 당새아 군의 주요 장수 모두가 선계와 마계 출신인 것은 아니었다. 《여선외사》의 여성 장수들은 주로 평범하거나 비천한 신분 출신이었다. 당새아의 군대에 합류함으로써 난생처음으로 칼과 창을 들게 된 이들이었다. 그러나 그들은 당새아의 지휘 아래 장장 20여 년 동안 지속된 전투를 승리로 이끌어 내는 여성 영웅으로 거듭났다. 이들은 남성인 누구의 딸, 아무개의 아내 식으로 호명되지 않는다. 가정이나 결혼, 임신 등도 그들에게는 아무런 장애가 되지 않는다. 정절이나 부녀자의 덕 같은 봉건적 윤리도 마찬가지였다. 이들은 전장에서 출산하고 바로 전투에 임했고, 절체절명의 위기가 닥치자 자기 몸을 전략적으로 이용하여 전투를 승리로 이끌기도 한다. 정절을 잃었다며 목숨을 끊는 행위를 어리석은 짓이라며 질타한다. "여성에 의한 현실의 전복"이 통렬하게 상상됐음이다.

《여선외사》에 대한 사회의 반응은 제법 뜨거웠다. 당시 문단 명사 여럿이 추천서를 쓰는 등 지식인 사회가 호응했고 판매고도 쏠쏠했다. 바다 건너 조선에서는 3종의 언해본이 나올 정도였다. 이러한 현상을 어떻게 이해해야 할까?

때로 소설은 현실을 뒤집음으로써 쉽게 바뀌지 않는 현실에 대한 불만과 분노를 표출하기도 한다. 조선시대 남성과 대등하지 못했던 여성의 사회적 위상에 대한 정당한 울분이 《여선외사》에 대한 뜨거운 호응으로 나타난 것이다. 오늘날에도 두꺼운 '유리천장'은 여전히 우리 삶터 곳곳에 존재하며 기울어진 운동장이 바로 삶의 엄연한 현실로 남아 있다. 그렇기에 《여선외사》에 대한 호응이 결코 먼 이야기로 들리지 않는다.

# 불공정

당신의 선함은 왜 무력한가?

# 39

# 진흙탕 속에서도 실리를 챙겨라

"위엄과 사랑은 한 자리에 머물 수 없다."

−그리스로마신화

그리스신화에서 최초의 신은 공간의 신(카오스)이었다. 그다음에 태어난 대지의 여신(가이아)은 세상의 중심을 차지하며 최초의 권력자로 군림했다. 그러나 그녀는 자신이 낳은 하늘의 신(우라노스)에게 밀려났고, 우라노스도 역시 아들인 시간의 신(크로노스)에게 잔혹하게 거세되며 권력을 잃고 말았다. 크로노스는 티탄 신족들과 함께 세상을 지배했지만, 그도 역시 자식에게 밀려나고 말았다. 자식이 부모를 밀어내고 권력을 잡는 반역의 정점에 서 있는 이가 바로 제우스다. "당당한 티탄 신족은 높은 오트리스 산을 거점으로, 반면 크로노스와 레아가 낳은 신들은 올림포스 산을 거점으로 격렬한 전투를 벌였다." 제우스는 아버지의 권력에 맞서 싸워 승리를 거둔 후에도 올림포스 산을 근거지로 삼아 세상을 다스려 나갔다. 그의 권력은 영원했다. 그리스신화에 나오는 신들의 권력 투쟁에서 최종 결론인 셈이다.

신화는 문자가 발명되기 이전에, 모든 정보와 지식을 오롯이 기억에만 의존해서 만들어 내고 이어가던 구술시대에 만들어졌다. 그것은 단지 '심심풀이 땅콩'처럼 지루한 일상을 즐기기 위한 여흥으로 만들어 낸 흥미진진한 이야기가 아니었다. 사실 그 막장과도 같은 흥미진진함도 기억을 잘 하기 위한 묘안의 결과였다. 지식은 세상을 잘 살아 나가기 위한 무기와 같은 것이다. 그러니 한 공동체의 집단 지성은 험한 세상을 이해하고 설명하며, 삶의 숱한 문제들을 이겨 내는 데 필요한 지식과 정보, 지혜를 신화 속에 필사적으로 담아냈던 것이다. 신들의 권력 투쟁 서사 안에는 역사와 권력의 비밀과 진실이 담겨 있다. 그리스신화는 그 대표적인 사례다. 그렇다면 제우스의 이야기에는 지금도 되새겨 보아야할 진리가 있을 법하다. 다소 지루한 헤시오도스의《신통기》나 아폴로도로스의《신화집》은 그래서 여전히 곱씹어 볼 고전으로 살아 있다.

흥미로운 것은 제우스가 권력을 영원히 유지해 나간 비결이다. 그것은 지금의 시선으로는 비판받아 마땅한 구시대의 유물처럼 보인다. 제우스는 권력을 확고하게 하려고 자신의 형제자매들과 함께 세상을 나누어 다스리기로 한다. 하지만 권력을 확장해 나가는 가운데 더 많은 협력자가 필요함을 느끼자, 그는 거침없는 '바람둥이'가 되어 수많은 인재를 낳기 시작했다. 그들 중 똘똘한 자식들은 이른바 '올림포스 12신'의 일원이 되었다. 인간 세상의 문명을 창출하는 계획에서 그는 '하찮은' 인간 여성들과도 기꺼이 관계를 맺고 탁월한 영웅들을 낳아 세상에 대한 지배를 확고히 다져 나갔다. 이 모든 과정에서 그는 순수 혈통주의를 고수했으니, 가장 긴밀한 사적인 관계를 통치 협력자 채용의 첫 번째 기준으로 삼은 셈이다. 이런 제우스의 권력 확장과 확립의 비법이 신화에 담긴 지혜요, 진실이라면 어떻게 이해해야 할까?

신화는 상징적 이미지와 이야기의 조합이며, 인간이 경험할 수 있는 모든 것들의 은유라고 한다. 은유는 드러난 표현 그대로가 아니라, 그 속에 숨은 뜻을 헤아려야만 가치를 빛낼 수 있는 법이다. 이야기 속에서도 제우스가 혈통을 기준으로 삼긴 했지만, 그

3부 세상은 왜 이토록 불완전한가

무엇보다도 실력이 제대로 검증된 대상만을 협력자로 삼았다는 점을 놓치지 말아야 한다. 그리고 그 '혈통'은 말 그대로 혈통이라기보다는 '신의·신뢰'의 은유이다. 더욱더 중요한 것은, 제우스가 편협한 관계에 얽매이지 않고 활짝 열린 자세로 인재를 얻으려고 했다는 것이다. 훌륭한 상대가 발견되면, 제우스는 자신의 권위와 자존심을 돌보지 않고, 상대에 맞춰 자신을 다양하게 변신시켰다. 전 우주를 호령하는 천하의 제우스가 상대를 얻기 위해 비에 흠뻑 젖은 뻐꾸기로 변신하고, 또 황소로, 백조로, 구름으로, 황금 소나기로 자신을 바꿨던 것이다.

옛날에 권력은 사적인 소유물처럼 여겨졌다. 어쩌면 제우스의 이야기는 그런 구시대의 실상을 우의적으로 담고 있는지도 모르겠다. 그러나 그 이상의 의미가 분명 있다. 그리고 지금 우리는 그 숨어 있는 깊은 뜻에 주목할 필요가 있다. 특히 권력을 확고하게 다지고 정치적 이상을 펼치려는 이라면, 겉으로 드러난 이야기에 빗대어 조롱의 대상이 되어서는 안 될 것이다.

# 40

# 나에게 공정한 것이
# 누구에게나 공정한 것은 아니다

"악인을 벌하지 않는 '인자함'은
선인을 해치는 '잔혹함'이 된다."
–한비자

순 임금은 요 임금과 더불어 성군 중의 성군으로 꼽혀 왔다. 그에게는 상이라는 동생이 있었다. 순과는 달리 탐욕스럽고 모진 성품의 소유자였다. 그럼에도 순은 천자가 된 후에 상을 '비'라는 지역의 제후로 임명했다. 지도자로서의 자질을 전혀 갖추지 못한 사람을 천자의 동생이라는 이유 하나로 지역 군주급인 제후로 봉했던 것이다. 두고두고 얘기가 나올 수밖에 없는 처사였다.

맹자의 시대에도 말이 나왔다. 하루는 제자 만장이 정색하며 이 문제를 거론했다. "상이 몹시 어질지 못한데 그를 비 땅의 제후로 봉하다니 비 땅 사람들에게는 무슨 죄가 있는지요?" 정당한 문제제기였다. 하루아침에 모질고 탐욕스런 군주의 통치를 받게 된 비 땅 사람의 불행은 누가 책임져야 하냐는 취지였다. 그런데 맹자의 답변은 이러했다. "어진 사람은 동생을 가까이하고 사랑할 뿐이다. 가까이하면 동생이 귀해지기를 바라고 사랑하면 동생이 부유해지기를 바란다. 비 땅에 봉한 것은 동생을 부유하고 귀하게 함이다."

공적인 마인드라고는 하나도 찾아볼 수 없는 답변이다. 공직인 제후 자리에 사적 혈연을 앞세워 동생을 임명한 순을 맹자는 뭐가 문제냐 하는 투로 옹호하고 있다. 물론 맹자는 억울할 수도 있다. 옛날부터 내려오는 관념에 입각하여 옳다고 여기는 바대로 대답했을 따름이기에 그러하다. 맹자뿐 아니라 공자를 비롯한 옛날 유가들은 가족을 남들보다 더 사랑함을 정당하다고 생각했다. 심지어 혈연이 아닌 자를 혈연인 자보다 앞세우는 것을 부당하다고 여졌다. 가족을 우선함은 그들에게는 정의였고 공정한 일이었다. 공자가 양을 훔친 아버지를 고발하는 대신 숨겨 주는 이를 두고 곧은 사람이라고 두둔했던 까닭이다.

나아가 유가들은 국가나 사회도 가족적 질서와 윤리로 운영할 수 있다고 여겼다. 가까운 혈연을 더 우대하는 것이 가족 내에서 문제되지 않듯이 사회적 차원에서도 문제되지 않는다고 보았다. 그래서 공자는 가족 테두리 바깥에서 벌어진 아버지의 절도 행위를 아버지라는 이유만으로 가족의 테두리 안에서 사유했다. 맹자도 어디까지나 공적이어야 할 제후 임명을 혈연의 윤리에 입각하여 옹호했다. 그러나 나에게 옳은 것이 항상 남에게도 옳은 것은 아니다. 유가들에게 지극히 정당했던 이러한 관점은 생각을 달리했던 법가들에게는 어디까지나 '사의(私義)', 그러니까 '사적 정의'에 불과했다.

법가 사상을 집대성한 한비자는 군주는 어디까지나 공적이어야 한다고 못박았다. 최고 통치자는 '공의(公義)', 그러니까 '공적 정의'만을 실현해야 한다는 요구였다. 그래서 군주의 길은 다름 아니라 공사의 구분을 명확히 하고 법률과 제도를 분명히 하여 사사로운 은원을 물리치는 것에 있다고 했다. 반면에 신하 앞에는 사적 정의와 공적 정의가 같이 놓여 있다고 보았다. 사사롭게 행동하고 친지를 챙기려 함이 신하의 사적 정의라면, 청렴하고 공정하며 직무를 수행함에 사사로움을 없애고자 하는 것이 신하의 공적 정의라고 했다.

그래서 군주는 오롯이 공적이어야 했다. 신하는 군주가 어떻게 하는지에 따라 사적 정의로 흐를 수도 있고 또 공적 정의로 흐를 수도 있기 때문이다. 한비자는 군주가 공적이면 신하는 사적 정의를 버리고 공적 정의를 실현하게 되고, 반대로 군주가 아둔하고 사리 분별을 못해 공사를 구분하지 못하면 신하는 공적 정의를 버리고 사적 정의, 그러니까 제 몸의 안녕과 한 집안의 이익만을 꾀한다고 경고했다. 사심만 잔뜩 채운다는 것이다. 문제는 이러한 행태를 아무렇지도 않게 자행하면서도 그들 스스로는 정의롭다고 여긴다는 점이다. 사심에 불과한 것을 정의롭다고 우기는 불통과 독단을 서슴없이 저지른다는 것이다.

《삼국지》의 한 주인공 조조는 "오로지 능력만 보고 등용한다"는 원칙 아래 관리를 등용했다. 도덕성도 감안해야 한다는 문제 제기를 돌아보지 않았고 결국 조조가 일궈 냈던 위나라는 50년도 못 채우고 힘 있는 자들 간의 사심 경쟁 속에 단명했다. "내가 옳다고 생각한 것은 객관적으로도 정당하다"는 태도가 사심의 발로로 이어졌고 그 결과는 망국이었다.

# 야만

우리는 왜 가해자의 서사에
관대한가?

# 41

# 그것은 사랑이 아니라 폭력이다

"나에게 비극을 안겨 준 이 아름다움을,
제발 바꾸어 없애 주소서."

-오비디우스

로마에 보르게제(Borghese) 미술관이 있다. 그곳에는 사람들의 시선을 끄는 매혹적인 작품들로 가득 차 있는데, 특히 베르니니의 작품들은 '끔찍하게' 아름답다. 그중 〈아폴론과 다프네〉는 압권이다. 태양의 신 아폴론이 다프네라는 요정을 포옹하려는 찰나를 포착한 작품으로, 아폴론의 눈빛은 간절하고 곧 다프네를 품으리라는 희망에 빛난다. 매끈한 몸매와 잘생긴 얼굴, 아폴론은 매력적이다. 대리석을 깎아 낸 솜씨가 경이롭다. 그러나 다프네의 표정을 보는 순간, 충격을 금할 수 없다. 혐오와 두려움에 질려 비명을 지르고 있기 때문이다. 다프네는 아폴론의 손길을 피해 월계수로 변신 중이다. 그녀의 손가락에서는 나뭇잎이 돋고, 하체는 나무껍질로 덮이며, 발에서는 뿌리가 뻗어 나와 땅으로 스며들려고 한다. 아폴론의 욕망이 그녀를 나무로 만들면서 파멸시킨 셈이다.

베르니니의 또 다른 작품 〈플루토와 프로세르피나〉도 눈길을 끈다. 저승의 신 플루토(그리스신화에서는 하데스)는 군살 하나 없이 잘 가꿔진 남성의 강인한 몸을, 그의 품에 안겨 있는 프로세르피나(그리스신화에서는 페르세포네)는 단정하면서도 육감적인 여성의 몸을 보여 준다. 신비로운 예술적 기교에 감탄이 터진다. 그러나 둘의 결합 역시 끔찍하다. 플루토는 프로세르피나를 거세게 끌어당기고, 프로세르피나는 결사적으로 저항한다. 왼손으로 플루토의 얼굴을 밀어내며 그에게서 벗어나려고 필사적으로 몸부림친다. 지하의 세계에서 왕 노릇하던 플루토가 바깥세상으로 나와 돌아다니다가, 마침 꽃을 꺾고 있던 프로세르피나를 보고 반한

아름답다는 이유만으로,
우리는 어디까지 용서했는가?

것이다. 그러나 프로세르피나는 그와 함께할 생각이 전혀 없다. 일 방적인 욕망에 폭력적인 납치가 자행된 순간, 그녀는 경악하며 비명을 지른다.

여기서 강한 의문이 든다. 연약한 여성을 대상으로 자행된 남성의 폭행이 이렇게 아름다워도 되는가? 예술적으로 미화돼도 괜찮은가? 베르니니에게 영감을 불어넣은 로마의 시인 오비디우스의 《변신이야기》(1권 539~542행)라는 작품도 마찬가지다.

> **"그렇게 신과 처녀는 속도를 낸다,**
> **그는 희망으로 그녀는 두려움으로.**
> **하지만 사랑의 날개에 힘입은 채 뒤를 쫓고 있는 그가**
> **더 빨랐고 쉴 틈도 주지 않은 채 도망자의 등 뒤로**
> **바짝 붙어 목덜미로 흩날리는 머리칼에 거친 숨을 내뿜는다."**

쫓고 쫓기는 아폴론과 다프네의 추격 장면은 경쾌하고 우아한 라틴어로 묘사된다. 마차를 타고 땅 위로 올라와 프로세르피나를 납치하는 플루토의 움직임도 역동적이다. 투박했던 라틴어가 오비디우스의 펜 끝에서 예술과 문학의 언어로 새롭게 태어난 것이다. 똑같은 의문이 든다. 어째서 남성의 추악한 행동이 이토록 아름다운 언어에 담겨 표현된단 말인가?

이것은 여성에 대한 남성의 성폭력을 고발하는 것일까? 그럴 수도 있다. 예술은 단지 아름다운 것만을 담아내어 세상의 추악함을 은폐하는 대신, 인간의 추악함을 생생하게 드러내어 폭로하며 경고하는 비판적인 역할도 하니까. 오비디우스도 베르니니도 어쩌면 당대 사회에 만연했던 여성에 대한 남성의 성폭력을 고발했던 것일지 모른다. 하지만 그들이 구사한 예술적 기교와 도구와 형식은 내용의 추악함에도 불구하고 지고하게 아름답다.

예술의 모순적인 성격을 잠깐 옆으로 제쳐 두고, 또 다른 측면에 주목해 보자. 사랑의 감정에 대한 작가의 깊고 솔직한 통찰을 엿볼 수 있다. 사랑의 감정, 그 자체는 숭고하다. 다프네를 쫓아다니는 아폴론의 사랑도, 프로세르피나를 납치하는 플루토의 사랑도 그 감정 자체는 순수하고 소중한 것일 수 있다. 오비디우스의 시와 베르니니의 조각이 역겨움보다는 감탄을 일으킨 이유도 두 남성의 폭력적 행태에도 불구하고, 사랑이라는 감정이 갖는 고결함과 순수함 때문일지도 모른다. 게다가 이 두 이야기는 아폴론이 다프네가 변한 월계수를 영원히 자신을 상징하는 나무로 삼았고, 플루토가 프로세르피나를 지하 세계로 데려가 아내로 삼은 뒤 영원히 충실한 남편이 됐다는 결론이 대미를 장식한다. 설령 욕망에 추동돼 폭력적인 행동을 했을지 몰라도, 그들의 사랑은 진심이었다는 것이다.

그러나 오해 없길 바란다. 우리 주변에서 적지 않게 일어나는 성폭력 사건의 내면에도 순수하고 아름다운 사랑의 감정을 찾을 수 있다고 말하려는 것은 결코 아니다. 우리 사회에 야만적인 행태로 만연해 있는, 아니 인류 역사 전체에 계속적으로 자행돼 온 성폭력을 양해하려는 것도 절대 아니다. 우리가 '에로스적' 충동과 욕망을 느낄 때, 그 적절성과 사회적 책임을 통찰하지 않는다면, 그것은 비난받고 정죄돼 마땅한 야만적인 행위가 될 뿐임을 되짚어 보려는 것이다. 예술이 일으키는 아름다움의 미학적 환상과 현실에서 우리가 지켜야 할 도덕과 윤리의 아름다움을 잘 구별할 지혜가 필요하다는 것도 말하고 싶다. 과연 가해자의 서사가 예술로 승화되고 미화되고 정당화될 수 있는 것인지, 그것에 관대해도 되는지 진지하게 묻고 싶다.

# 42

# '갑'들은 왜
# 서로를 보호하는가

"의분을 참지 못해
붓을 들어 외로운 분노를 적는다."
-요재지이

중국 청대를 대표하는 문학 고전 《요재지이》에는 이러한 이야기가 실려 있다. 사회적 갑인 '나쁜 놈'이 사회적 을인 선량한 여인을 배신하고, 사회적 외면 속에 죽음을 맞이한 여인이 귀신이 되어 복수한다는 내용이다.

여기서 나쁜 놈은 남삼복이라는 이름의 탐욕스럽고 음흉한 자로 큰 부를 바탕으로 위세 꽤나 부리던 속물이다. 선량한 여인은 두 씨라는 가난한 농갓집 딸로 용모가 무척 고왔다. 그녀는 남삼복의 집요한 감언이설을 믿고 결국 몸을 허락하였다가 얼마 지나지 않아 배신당하고 비참한 죽음에 이른다.

이에 분노한 두 씨는 남삼복을 관가에 고발하지만 남삼복은 큰돈을 뇌물로 써서 처벌을 면한다. 그러고는 아무런 반성도 없이 이웃 마을의 부유한 대갓집 여식과 혼인하여 그녀를 자기 집으로 데리고 와 첫날밤을 보낸다. 그런데 다음 날 장인이 자기 딸의 부고를 전해 온다. 며칠을 시름에 젖어 있다가 목을 맸다는 전언이었다. 어제 분명히 자기와 함께 와서 잤는데 부고라니, 깜짝 놀란 남삼복이 방 안으로 뛰어 들어가 보니 침상에는 대갓집 여식 대신에 두 씨 딸의 시신이 놓여 있었다.

이 소식을 들은 두 씨는 남삼복을 자기 딸 무덤을 파헤쳐 시신을 훔쳐 간 죄로 고발했다. 하지만 남삼복은 이번에도 큰돈을 풀어 처벌을 면한다. 이후 남삼복에게 이런 일이 한 차례 더 반복된다. 이번에는 이웃 마을 양반댁 여식의 시신이 갓 결혼한 여인 대신에 침상에 눕혀져 있었다. 결국 남삼복은 같은 죄목으로 재차 관가에 고발되었고, 더는 손 쓸 방도가 없었던 그는 사형을 당해 더러운 삶이 마감된다.

어딘가 익숙한 구석이 많은 이야기이지 않은가? 한번쯤 들었을 법한 귀신의 복수 이야기여서 하는 말이 아니다. 사회적 약자인 여성이 억울한 일을 당했음에도 부자의 횡포에 일방적으로 당하다가 결국 끔찍하게 죽게 되는 상황이 저 옛날에나 있었을 법한 이야기로 들리지는 않는다. 가난한 농부가 무고하게 목숨을 잃은 딸의 억울함을 관청에 고발했을 때, 재력을 매개로 결탁된 부자와 사법관이 이를 무시하는 상황도 너무나 익숙하다. 귀신이 되어 자기 시신을 드러내는 등 처절한 상황을 빚어내야 비로소 국가가 나쁜 놈을 처벌한다는 상황도 낯설지 않다. 여성에 대한 성적 착취, 기울어진 운동장, 유전무죄, 선택적 처벌 같은 결코 낯설지 않은 부조리와 불공정을 고스란히 보는 듯하다.

하나같이 한 사회의 후진성을 드러내는 이러한 모습은 디지털 문명의 첨단을 선도하고 신흥 선진국으로 발돋움한다는 한국 사회와는 무관해야 마땅할 것이다. 그런데 우리 사회도 죽음으로 억울함을 알려야 비로소 사회가 주목하고 공적 제도가 작동되는 후진성이 극복되지 못했다. 그 몹쓸 후진성으로 인해 범죄 피해가 은폐되고 가해자가 응분의 처벌을 받지 않게 된다면, 이러한 사회는 귀신이 되어서야 자신의 억울함을 풀고 가해자를 응징한다는 전근대적 미개한 사회와 다를 바 없다. 피해자가 자기 인생을 걸다시피 한 큰 희생을 각오해야 비로소 사회적 '갑'들의 죄악이 조직 바깥으로 알려지는 사회를 두고 선진국이나 문명사회라고 부를 수는 없다.

토양이 바뀌지 않았음이다. 외양은 봉건 사회에서 민주주의 사회로 탈바꿈되었지만 토양은 전근대적 독버섯이 버젓이 자랄 정도로 여전히 후진적이었다. 그래서 권력형 범죄 같은 사건에서 확연히 목도되듯이 조직 내 사회적 갑들의 부정한 결탁이 일상화되어도 별다른 문제의식을 느끼지 못했던 것이다. 요 몇 년 사이 검찰이나 경찰, 정관계 등 힘 있는 데서 자행된 성추행 사건에서도 공동 이익의 수호를 위한 사회적 갑들의 추악한 결탁이 한결같이 똬리 틀고 있다. 제도와 의식의 개선만으로는 부족하고 토양 자체를 바꿔야 우리 안의 후진성을 제대로 도려낼 수 있는 이유다.

《요재지이》를 쓴 포송령은 이야기를 갈무리하면서 남삼복의 잔인무도한 행실로 인해 두 씨 딸이 참혹한 죽음에 이르렀다며 탄식했다. 그리고 목하 한국 사회에서는 사회적 갑들에 의해 자행되는 후진성이 수많은 상대적 을에게 참혹한 현실을 강요하고 있다. 우리 사회의 잔인한 자화상이다.

# 미완성

교육이 가야 할 길은 어디인가?

# 43

# 스승과 제자 사이에서
# 교육이 비롯된다

"사람과 사람 사이의 관계가 주는
고유한 힘이 있다."
–라에르티오스

그리스를 통합하고 그 힘을 동방의 대국 페르시아를 향한 원정으로 돌리는 데 성공하여 위대한 그리스 문명 제국을 만든 알렉산드로스 대왕에게는 여러 뛰어난 스승들이 있었다. 그들 중에 가장 유명한 이는 철학자 아리스토텔레스였다. 플루타르코스의 《영웅전》에 따르면, 알렉산드로스는 그를 존경하다 못해 숭배했고, 아버지 못지않게 사랑했다.

**"아버지 필립포스는 나에게 생명을 주었지만, 아리스토텔레스 선생님은 인생을 아름답고 멋지게 사는 방법을 가르쳐 주었기 때문입니다."**

내가 아내와 낳은 자식이 혈연적인 친자 관계를 이루는 것처럼 내가 나의 생각과 가치관을 누군가에게 가르쳐 주고, 그가 그것을 마음에 새겨 살아간다면, 그는 내 영혼의 자식이며, 나와 그는 정신적 친자 관계라고 할 수 있을 것이다. 정신의 유전자가 교육을 통해 나에게서 그에게로 전해지기 때문이다. 이런 사실을 알렉산드로스가 잘 보여 주었다.

아리스토텔레스와 알렉산드로스의 사제 관계는 더 엄청난 학연의 한 부분일 뿐이다. 아리스토텔레스의 스승이 플라톤이고, 플라톤의 스승이 소크라테스이기 때문이다. 서양사 최고의 사제지간의 인맥이라 할 수 있다. 이들의 관계 속에서 플라톤이 소크라테스를 만나는 장면은 매우 극적이다.

귀족 가문에서 태어난 플라톤은 다재다능했다. 어려서 꿈이 비극 작가였는데, 디오니소스 극장에서 아테네 시민들이 모두 모인 가운데 멋진 비극을 연출하여 감동을 전하고 경연 대회에서 우승하여 인기를 누리고 싶었나 보다. 약관의 나이 20세에 최초의 비극 작품을 완성한 뒤, 플라톤은 경연 대회에 출품하려고 극장으로 가고 있었다. 그런데 극장 앞에 웬 사람들이 잔뜩 모여 있었고, 그 중심에 소크라테스가 있었다. 그는 사람들과 철학적인 대화를 나누고 있었는데, 그 대화에 플라톤이 푹 빠져들었다. 플라톤은 손에 들고 있던 비극의 출품작을 불 속에 던지고 곧바로 소크라테스의 제자가 되었다.

플라톤을 만나기 전날, 소크라테스는 꿈을 꾸었다. 백조 새끼가 무릎에 앉아 있었는데, 곧 깃털이 나더니 고운 소리로 높이 노래를 부르다가 날아가 버렸다는 것이다. 꿈을 희한하게 여기던 소크라테스는 디오니소스 극장 앞에서 플라톤이 자신에게 다가오는 것을 보고, '아, 저 젊은이가 내가 꿈에 본 그 백조로구나!'라고 외쳤다고 한다(디오게네스 라에르티오스의《유명한 철학자들의 생애와 사상》제3권〈플라톤〉편 5장).

그로부터 약 9년 뒤, 소크라테스는 법정에 서야 했다. 아테네가 믿는 전통적인 신들을 믿지 않고 해괴한 신을 도입하려고 한다는 '종교적 이단'의 죄와 교묘한 말재주로 아테네의 청년들을 타락시킨다는 '풍기문란'의 죄로 고발 당했던 것이다. 소크라테스는 법정에 서서 자신의 무죄를 주장하는 가운데, 아테네의 청년들을 타락시키지 않고 오히려 올바른 길로 가게 하였다고 주장했다. 그 자리에 플라톤이 있었는데, 사람들은 그를 소크라테스 변론의 한 증거로 여겼을 것이다. 그렇게 플라톤은 소크라테스의 자랑스러운 제자였고, 기꺼이 소크라테스의 백조가 되어 스승이 살아생전 수많은 사람과 때론 유쾌하게, 때론 진지하게 나누었던 고담준론을 철학적 드라마의 형식에 담아 노래처럼 아름다운 글로 전해 주고 있으니 말이다. 소크라테스는 비록 단 한 권의 책도 남기지 않았지만, 우리가 그를 최고의 철학자로 기억하는 것은 플라톤의 기록 때문이다.

소크라테스가 사형을 당한 후 플라톤은 여러 다른 스승을 사사하며 자신의 학식을 쌓아 나갔지만, 평생 소크라테스를 영원한 스승으로 여겼다. 그의 가르침을 내내 복기하고 발전시켜 나가면서 서양철학의 기틀을 마련했다. '서양 철학사는 플라톤에 대한 일련의 각주'라는 말에 고개를 끄덕인다면, 그것은 결국 소크라테스가 서양 철학사에서 독보적인 위치를 차지하고 있음을 인정하는 셈이다. 어디 철학뿐이겠는가? 인류의 문명에서 이루어진 진보는 다양한 분야에서 훌륭한 스승과 제자들 사이의 교감에서 비롯된 것이다. 우리가 스승의 날을 기리는 것도 이런 점을 가치 있게 여기기 때문 아닐까?

# 44

# 사람이 인간답게 살도록 이끌다

"군자불기(君子不器)"

–공자

'군자' 하면 도덕적으로 훌륭한 사람을 떠올리곤 한다. 그런데 저 옛날에는 주로 관리를 가리키는 말로 쓰였다. 공자의 시대도 마찬가지였다. 당시 관리가 되기 위한 조건은 직무 역량과 도덕 역량의 겸비였고 군자는 이 둘을 모두 갖춘 이를 가리켰다.

 관리에게 직무 역량과 도덕 역량을 함께 요구한 까닭은 국가 운영에 이 둘이 다 필요해서다. 이는 디지털 대전환이 가속되고 있는 오늘날에도 마찬가지다. 문제는 저 옛날 민간의 힘만으로 이 둘을 다 갖추는 것이 쉽지 않았다는 점이다. 이에 꽤 이른 시기부터 국가가 나서 경세에 필요한 인재를 양성하고자 했다.

 기록에 의하면 하나라, 상나라 같은 고대 왕조 시절에 '상(庠)', '서(序)'라 불리는 교육기관을 수도에 두고 통치 계층의 자제를 가르쳤다고 한다. 이 기록이 사실이라면 적어도 4000여 년 전부터 국가가 주도하는 교육, 곧 공교육이 존재했던 셈이다. 그런데 이러한 공교육은 기본적으로 엘리트 교육이었다. 국가 통치의 인적 토대인 관리 육성이 목표였기 때문이다. 또한 국가 운영은 오롯이 통치 계층의 몫이었기에 교육은 왕실로 대변되는 통치 계층에게만 해당되었다. 교육이 관청의 울타리 안에 머물던 시절의 얘기다.

 공자 때 이러한 '관학(官學)'의 시대가 와해했다. 그러고는 '사학(私學)'의 시대가 활짝 열렸다. 사교육이라 부를 만한 현상이 나타난 셈이다. 민간에서 관리가 아닌 자도 교육할 수 있게 되었고, 공자가 《논어》에서 신분을 따지지 않고 수업료만 내면 누구든 가르쳤다고 고백했듯이 선생에게 교육은 쏠쏠한 생계의 수단이 되기도 했다. 또한 공자의 시절에도 교육을 통해 관리가 되면 다른 직업에 비해 안정적 삶이 가능했기에 사교육의 수요는 제법 컸고 또 지속되었다. 물론 공자는 성현의 말씀을 삶에서 구현한다는 교육 지향을 분명히 했지만, 사교육이 등장 초기부터 지배 엘리트가 되는 가성비 좋은 길로 활용되었음 또한 사실이었다.

그런데 교육은 국가 통치를 위한 인재 양성이란 차원에서만 필요했던 것은 아니다. 공자 이전부터 백성의 교화가 군주의 존재 이유로 설정된 데서 보이듯이 국가는 사람을 인간답게 살도록 이끄는 교육도 수행해야 했다. 그래서 맹자는 군주에게 백성이 안정적으로 살도록 일정한 소득을 지닐 수 있게 한 다음, 고을마다 학교를 세워 그들이 인간답게 살도록 교육할 것을 요구했다. 지배 엘리트의 양성만을 목표로 했던 공교육의 또 다른 역할이 제시된 셈이다. 이제 공교육은 지배 엘리트의 양성이라는 수월성과 인간다움의 기본을 갖춘다는 보편성을 동시에 추구해야 했다.

물론 이것만으로 교육의 필요성을 다 충족했다고 할 수는 없다. 국가 운영에는 문명 수준의 제고가 필수적이다. 기존의 문명 수준에 만족했다가는 도태되기 십상이기에 그러하다. 따라서 공교육은 국가의 문명 수준을 높이는 과업도 수행해야 했다. 문제는 문명 수준의 제고에는 순수 학문같이 현실 정치와 직결되어 있지 않은 분야의 진보도 필요했다는 점이다. 관리를 양성하는 엘리트 교육에서 이 분야까지도 담당할 수는 없는 노릇이었다. 공자가 행한 사교육은 이 점에서 의의가 자못 크다. 공교육이 제대로 담당해내지 못한 문명 수준의 제고를 사교육을 통해 구현하고자 했기 때문이다. 송대 이후 전국 곳곳에 세워졌던 서원도 마찬가지였다.

이처럼 지난 시절 사교육은 높은 수준의 문명 교육을 위한 어엿한 한 축이었다. 이러한 전통에서 보면 우리 사회의 사교육이 온통 악인 양 지탄받는 것이 타당해 보인다. 공교육이 미처 담당해내지 못했던 높은 수준의 문명 교육과는 벽을 쌓고, 안정되고 부유한 삶을 위한 방편으로만 기능했기에 그러하다.

그렇다고 사교육을 무조건 근절해야 할 대상으로 보는 것이 과연 타당할까? 적어도 지난 30년 넘게 공교육이 보편적 시민을 길러내는 데, 양식 있는 지배 엘리트를 양성하는 데, 높은 수준의 문명 교육을 수행하는 데 그다지 신통치 못했던 우리의 현실에서 말이다.

# 욕망

통제되지 않은 욕망은
어디로 향하는가?

# 45

# 태양 마차를 본 소년은
# 왜 추락했는가

"신에게 부여받은 특권을
통제하지 못하면 추락한다."
−오비디우스

'추락하는 것은 날개가 있다.' 아무나 추락할 수 있는 것이 아니다. 날개가 없다면 추락도 못한다. 오직 날개가 있어 높이 올라가 본 적이 있는 자만이 추락도 할 수 있는 법이다. 그런데 그리스로마신화에는 날개도 없이 추락한 사내가 있다. 바로 파에톤이라는 인물이다. 그는 태양의 신 헬리오스의 자식이었다. 하지만 헬리오스는 파에톤의 어머니 클리메네와 하룻밤 인연을 맺은 후 떠났고, 그 이후로 한 번도 찾아오지 않았다. 어려서부터 파에톤은 어머니의 말만 믿고 헬리오스의 아들이라고 자부하며 살았다. 하지만 아무도 그의 말을 믿지 않았다. 오히려 그를 망상에 사로잡힌 허풍쟁이로 여겼다. 특히 제우스의 아들이었던 에파포스가 그를 무시했다.

굴욕을 참다못한 파에톤은 마침내 아버지를 찾아 나서기로 결심했다. 힘든 여정 끝에 그는 동쪽에 있는 헬리오스의 궁전에 도착했다. 헬리오스는 반갑게 파에톤을 맞이했다. 그는 매일 네 마리의 말이 끄는 황금 마차를 타고 창공을 달리면서 파에톤의 성장 과정을 지켜보았기 때문에 파에톤을 단번에 알아보았다. 파에톤은 진실을 확인한 것으로 만족하지 않고 아버지에게 무리한 요구를 했다. 단 하루만이라도 태양 마차를 몰도록 허락해 달라는 것이었다. 헬리오스는 난감했다. 어떤 소원이든 들어주겠다고 스틱스 강에 대고 맹세했는데, 그럴 경우 신들조차 무를 수가 없었기 때문이다.

파에톤은 왜 그런 요구를 했을까? 그는 자신을 무시하던 친구들, 특히 에파포스에게 자신의 모습을 과시하고 싶었기 때문이었다. 또한 아버지 곁에 있는 찬란한 태양의 마차를 몰아봄으로써 자신이 진정 헬리오스의 아들임을 당당하게 체감하고 싶었다. 끓어오르는 욕망을 주체할 수 없었던 그는 마침내 태양 마차 위로 올랐다. 마치 태양의 신이라도 된 것처럼 가슴이 뛰고 한껏 부풀어 올랐다.

그러나 그것은 과욕이었다. 마차에 올라 말고삐를 잡고 출발하는 순간, 잘될 것만 같았던 모든 것이 삐걱거리기 시작했다. 말들을 제어하지 못해 높이 솟구치자, 땅은 온기를 잃고 얼어붙었고, 땅으로 곤두박질치듯 질주하자 태양의 열기에 대지가 불타올랐다. 샘과 강과 호수가 말랐고 온갖 곡식과 식물들이 타 죽었으며 도시는 아수라장이 됐다. 한 인간의 욕망이 세상을 파괴한 것이다. 이 때문에 에티오피아인들의 얼굴이 검게 그을렸다고 한다.

먼 옛날, 먼 나라의 허구적인 이야기일 뿐이라고 생각하기 쉽다. 그러나 신화가 우리의 삶을 비추는 상징이며 은유라고 본다면, 그것은 허구적 이야기만은 아니다. 전 세계가 이상기후로 몸살을 앓고 있다. 다수의 과학자들은 이것이 매우 이례적인 현상이며, 인간의 욕망이 만들어 낸 재앙이라고 진단한다. 북극과 남극에서 엄청난 크기의 빙하가 무너져 내리는 이상기후의 광경을 목격한다. 예를 들면, 매년 그리스와 튀르키예를 비롯해서 유럽의 많은 나라가 여름마다 산불에 시달리고 있으며, 우리도 여러 가지 이상기후의 피해를 입고 있다. 그러다 보면, 파에톤의 무모한 도

땅이 갈라지고, 산이 불타며,
강은 김을 내뿜고 바다는 물러섰다.

전이 떠오른다. 인간의 주체할 수 없는 욕망이 지구를 태우고 병들게 하는 현실이 그 옛날 파에톤의 신화에 이미 예고돼 있었던 것이라는 생각이 든다.

기독교 성경에서 창조주는 6일 동안 세상 만물을 만들고 그 마지막 날에 자신의 형상대로 인간을 빚은 뒤 이렇게 말했다고 한다. "생육하고 번성하여 땅에 충만하라, 땅을 정복하라, 모든 생물을 다스리라." 이 말에 힘입어 인간들이 목에 너무 힘을 주고 기고만장한 건 아닐까? 파에톤이 그랬듯 지금 우리 인간들이 이 세상을 무분별하게 낭비하고 망가뜨리고 있는 것은 아닌지 묻지 않을 수 없다. 과욕을 부린 파에톤의 최후는 비참했다. 세상이 망가지는 것을 더 이상 방치할 수 없었던 제우스가 벼락을 던져 파에톤이 타고 있던 태양 마차를 박살 냈다. 그 서슬에 파에톤은 창공에서 땅바닥으로 하염없이 추락했다. 그 모습 또한 우리 인간의 참혹한 미래에 대한 예고일지도 모른다.

오비디우스의 《변신 이야기》(2권 327~328행)에는 파에톤의 비석에 적힌 글이 소개된다.

**"여기 파에톤 잠들다. 아버지의 마차를 몰던 그는 그것을 통제하지 못했고, 엄청난 일을 감행하다 추락했도다."**

서양인은 인간을 신의 자식으로 그리곤 한다. 그만큼 엄청난 능력과 권한을 부여받았다고 믿는 것이다. 실제로 인간은 그 말을 증명이라도 하듯 엄청난 문명을 이루었다. 그러나 조심해야 한다. 파에톤처럼 우리가 부여받은 특권을 적절하게 통제하지 못할 때, 참혹하게 추락하고 만다는 것을. 완벽한 파멸에 이르는 추락은 우리 인간 같은 존재가 쉽게 당할 수 있는 일이라는 것을.

# 46

# 지금 우리는 11번째 태양을 띄우고 있다

**"자연을 의롭게 대하다."**

–산해경

중국 신화의 보고《산해경》에 나오는 이야기다. 하루는 열 개의 해가 동시에 떴다. 지상은 하루아침에 아수라장이 되었다. 화들짝 놀란 하늘은 예라는 신에게 사태 수습을 명했고, 예는 아홉 개의 해를 활로 쏘아 떨어뜨림으로써 대재앙으로부터 세상을 구했다. 그런데 왜 해는 열 개씩이나 있었고 또 동시에 떴을까?

　훗날의 해석은 이러하다. 이들은 하늘의 아들로 형제간에 돌아가며 열흘에 한 번씩 떴다. 그러다 보니 형제이건만 다 함께 모일 수 없었다. 이에 작정하고 다 같이 한번 모이자며 한꺼번에 떴던 것이다. 신들이 정해진 법을 어기고 돌출 행동을 하는 바람에 애먼 인간들만 된통 고생했던 게다. 하지만 하늘이 자기 아들들을 희생시켜 대재앙이 종식되었으니 태곳적 자연재해는 이처럼 인간과 무관하게 일어났고 또 해소되었다.

　세월이 흘러 역사시대가 되었다. 자연재해는 이때도 어김없이 일어났다. 그런데 사람들이 자기 때문에 재해가 생긴다고 여기기 시작했다. 인간의 사악함이, 돼먹지 못한 세태가 극에 달하면 하늘이 재해를 일으켜 인간을 혼내주려 한다는 식이었다. 그렇게 재해가 발생하면 인간은 하늘의 노여움을 풀고자 열심히 치성을 드려야 했고, 덕분에 하늘이 노여움을 풀면 자연재해도 그친다고 믿었다. 사실 인간의 돼먹지 못함으로 하늘이 피해를 보는 건 없었음에도 어찌됐든 하늘은 재해를 인간에게 내렸다.

　여기서 하늘은 오늘날로 치면 자연에 해당한다. 그러한 자연에 대해 인간은 어떠한 태도를 취했을까? 우 임금의 치수 이야기나 마을 어귀를 막고 있던 거대한 산을 옮겨 놓는 데 성공했다는 우공이산 이야기 정도는 자연에 맞서 승리를 쟁취한 예로 삼을 법도 싶다. 그러나 이는 신화나 전설일 뿐 역사로서 실재했던 일은 아니다. 확실한 것은 산업혁명이 인류에게 엄청난 역량을 안겨 주기 전 인류에게는 재해를 극복할 만한 역량이 없었다는 사실이다. 그 시절 인류에게 주어진 선택지는 자연을 섬기거나 본받거나 벗 삼는 길 정도였다. 한편으로는 조물주가 빚은 최고의 요물답게 인류는 자연재해조차 자기 이익 실현을 위해 악용하는 길을 만들어 내기도 했다. 그렇지만 근대 이후처럼 인간이 자연을 공격하고 참다못한 자연이 자기 치유 차원에서 대대적으로 재해를 일으키는 일은 없었다.

2021년 7월 27일 하루 동안 그린란드에서 85억 톤의 빙하가 녹아내렸다. 북극과 인접한 곳임에도 8월 중순경에는 이틀 사이에 70억 톤가량의 비가 내렸다. 85억 톤, 70억 톤이란 양의 엄청남이 실감되는가? 조물주가 있어 이만큼의 물을 미국 플로리다 주에만 부으면 주 전체가 10센티미터 가까이 잠긴다고 한다. 한반도의 4분의 3이 넘는 면적이 성인 발목 높이로 잠기는 셈이다. 지난 수년 간 미국, 호주, 시베리아, 튀르키예, 그리스 등 세계 곳곳에서 발생한 대규모 산불, 지구촌 곳곳에서 일어난 기록적 폭염과 홍수 등은 '지구 최후의 날'이라는 수사를 연신 현실로 만들고 있다. 이제 인간의 행위로 인한 생태계 파괴는 직접적이고도 광범위하게 '인간 파괴'의 단계로 진입했음이다.

그런데 우리 인간이 과연 정신 차리고 자연을 향한 공격을 멈출 수 있을까? 자본주의 근대문명은 지난 300~400년간 인간 욕망을 한껏 키워 왔다. 자연을 개발하지 않고서도 이렇게 증폭된 인간 욕망을 충족시킬 수 있을까? 한층 근본적 차원에서 인간이 자연의 이용 없이 생존과 생활이 가능한 존재인지부터 짚어 볼 필요도 있다. 순자가 던진 도발적 질문은 그래서 예사롭지 않다.

**"사물이 저절로 생겨나는 자연을 따르는 것과 사물을 만들어 내는 인위를 따르는 것 중 어느 것이 낫겠는가?"**

대자연의 섭리에 기초한 공자의 도덕주의를 계승한 유학임에도 그러한 질문을 던질 수밖에 없었다.

결국 인간은 아무리 디지털 시대라 할지라도 자연을 활용할 수밖에 없는 존재다. 그럼 어찌해야 한단 말인가? 순자는 이익을 좋아하는 인간 본성을 의로움으로 조절해야 인간다운 사회가 가능하다고 보았다. 이제 그 의로움의 구현 대상을 인간에서 자연으로 넓힐 때다. 그랬을 때 생태계 파괴가 인간 파괴로 이어지는 회로에서 다소라도 벗어날 수 있을 것이다.

# 가짜

범람하는 거짓 속에서
진짜를 알아보는가?

# 47

# 거짓을 부수는
# 비판의 힘

"페르시아인이여, 가짜를 몰아내지 않는다면
신의 저주가 내릴 것이다!"

-헤로도토스

이란의 동남쪽 작은 나라 페르시아를 거대 제국으로 만든 이는 키루스였다. 헤로도토스의《역사》에 따르면, 그는 외할아버지의 땅 메디아를 정복하고 땅을 동서남북으로 엄청나게 넓혀 나갔다. 그가 죽자 그의 아들 캄비세스가 뒤를 이었다. 사람들은 그가 아버지를 능가하는 정복자가 되길 기대했다. 그는 최선을 다해 그 기대를 충족시키려고 했고, 이집트와 리비아를 정복했다. 그걸로 충분했다. 그러나 그는 만족하지 못하고 무리하게 에티오피아까지 노렸다. 철저한 준비 없이 서두르다가 참혹하게 실패했다. 목적지의 5분의 1도 가지 못해 식량이 바닥났고, 배고픈 병사들은 수송용 동물들을 잡아먹었다. 급기야 제비뽑기로 열 명 중 한 명을 뽑아 잡아먹기까지 했다.

캄비세스는 피해의식과 열등감에 시달렸다. 사람들이 자신을 모욕하고 조롱한다고 생각하면서 애먼 사람들을 죽이기까지 했다. 그에겐 스메르디스라는 동생이 있었다. 똑똑하고 용기 있는 전사였다. 탁월한 능력과 업적을 보이며 존경과 신망을 얻자, 캄비세스는 시기와 질투를 느끼고 동생이 더 이상 활약할 수 없도록 그를 페르시아로 돌려보냈다. 그런데 동생이 페르시아의 왕좌에 앉아 있고, 머리가 하늘에 닿는 꿈을 꾸었다. 에티오피아 원정의 실패로 좌절하던 캄비세스는 동생이 자신을 죽이고 왕이 된다는 망상에 사로잡혀 자객을 페르시아로 보내 동생을 죽였다.

그런데 얼마 후, 페르시아에서 이상한 소식이 전해졌다. 캄비세스의 동생 스메르디스가 반란을 일으켰다는 것이다. 캄비세스는 믿을 수 없었다. '분명 내가 자객을 보내 동생을 죽였는데, 그가 어떻게 살아 있단 말인가? 그놈은 분명 가짜다!' 그의 생각은 옳았다. 마법사인 마고스 중에 스메르디스와 아주 닮은 파티제이테스라는 자가 진짜 스메르디스인 척하면서 백성들을 선동했다.

### **"미치광이 캄비세스는 더 이상 페르시아의 왕이 아니다. 내가 형 대신 왕이 되어 페르시아를 다스릴 것이다."**

파티제이테스가 외치자 백성들은 동조했다. 동생을 죽인 것을 후회하며 가짜의 정체를 밝히고 없애 버리겠다며 캄비세스는 서둘러 말에 뛰어올랐다. 그러다 자신의 칼에 허벅지를 찔려 죽고 말았다. 그렇게 가짜 스메르디스는 진짜처럼 페르시아의 왕이 될 판이었다.

이때 나선 이가 다레이오스다. 캄비세스의 심복이었다. 그는 가짜를 제거하고 나라를 바로잡겠다며 신속하게 움직였다. 때마침, 수많은 페르시아인이 모인 자리에 진짜 스메르디스를 죽인 자객이 나타났다. 가짜 스메르디스의 요청을 받아 '지금 왕은 진짜 스메르디스'라고 선언하고 막대한 재물을 대가로 받기로 했다. 그러나 그는 용감하게 진실을 밝히고 스스로 목숨을 끊었다. 진실에 직면하여 페르시아인들이 술렁이고 있는 사이, 다레이오스가 가짜 스메르디스의 가슴에 칼을 꽂았다. 그렇게 가짜는 제거되었고, 다레이오스는 왕의 자리에 올랐다. 그리고 페르시아를 한 단계 높은 수준의 제국으로 끌어올렸다.

정치는 거짓을 제압하고 진실이 승리하게 만드는 고귀한 기술이다. 현실에서는 거짓이 승리하고 권력을 누리는 것 같지만, 참된 정치인은 교묘한 거짓을 과감하고 지혜롭게 폭로하며, 거짓이 득세하지 못하도록 강력하게 제압한다. 그때 진실이 오롯이 승리한다. 꿈같은 이야기지만, 꿈은 포기하지 않는 사람들에 의해 이루어진다. 이기적인 욕망만이 중요한 사람들은 그 저급한 진실을 감추려 다양한 기교와 기술로 거짓을 진짜로 둔갑시켜 대중을 교묘하게 현혹하면서, 자신의 욕망을 알뜰하게 충족시켜 나간다. 그러니 기술 자체가 위험한 것이 아니라 기술을 이용하는 사람의 악덕이 진짜 위험한 것이다. 악인의 꾀를 쫓지 않고, 오직 참된 정치를 실현하려는 사람에게라면 기술은 선을 구현하는 힘이 될 것이다. 바보야, 문제는 기술이 아니라 정치라고!

아, 그런데 이건 뭘까? 다레이오스는 출신 문제 때문에 왕으로서의 정통성이 시빗거리가 되곤 했다. 그러자 그는 자신의 조상이 페르시아 왕족 출신이라는 족보를 제작하여 전국에 새겨넣고 문제를 없애려고 했다. 그리고 키루스의 딸과 결혼하여 아들의 왕위 계승 문제를 없앴다. 자신은 논란에서 완전히 벗어나지는 못했지만, 아들 크세르크세스가 페르시아 왕이 되는 것의 문제는 완전히 지웠다. 다레이오스는 정치를 잘한 것인가, 거짓을 적절히 이용한 기술을 쓴 것일까? 예나 지금이나 '정치'는 그야말로 어려운 문제다.

# 48

# 쓸모없이 완벽한
# 가짜에 대하여

"성인은 자연의 이치를 믿지,
인간의 잔재주를 믿지 않는다."
-열어구

인공지능의 눈부신 발전으로 갈수록 진짜와 가짜의 경계가 흐려지고 있다. 단 몇 초 분량의 음성 샘플만 있어도 인공지능은 화자의 음성을 완벽하게 재현한다. 실제보다 더 사실 같은 이미지 생성은 물론이고, 인물 사진 한 장만으로도 사진 속 인물들이 자연스럽게 활동하는 동영상을 만들어 내기도 한다.

진짜와 가짜를 구분하는 일이 갈수록 관건이 되고 있다. SF영화 〈공각기동대: 고스트 인 더 쉘〉(2017)에서 그려진 상황이 현실이 될 날이 멀지 않았다. 사이보그가 진짜 인간과 구분되지 않을 정도로 발달되자 이제 사람들은 처음 보는 상대에게 "Who are you(누구세요)?"란 질문이 아닌 "What are you(무엇인가요)?"란 질문을 먼저 한다. 인류는 생전 처음 보는 사람일지라도 '누구'라고 물으며 살아왔지 '무엇'이라고 묻지는 않았다. 그러나 영화에서는 인간과 사이보그가 겉으로는 전혀 구분되지 않기에, 심지어 사이보그가 인간보다 더 인간답기에 처음 보게 되면 '누구'보다는 '무엇'을 앞세운다. 상대가 인간인지, 사이보그인지를 먼저 확인할 필요가 있기 때문이다. 그만큼 진짜와 가짜가 구분되지 않는다.

이는 기술의 진보가 '진짜들의 세계'에 가한 그리고 앞으로 가할 충격이다. 그런데 진짜보다 더 진짜 같은 가짜를 빚어내는 기술은 첨단 디지털 문명 세계인 오늘날에만 존재하는 것은 아니었다. 2000년도 훨씬 더 된 옛날, 중국 송나라에서 있었던 일이다. 어떤 사람이 임금에게 바치고자 옥구슬로 닥나무 잎을 만들기 시작하여 3년 만에 완성했다. 잎의 모양새와 빛깔은 물론 닥나무 잎의 솜털, 윤택까지도 완벽하게 재현해 그것을 진짜 닥나무 잎들과 섞어 놓으면 도무지 분간되지 않을 정도였다. 덕분에 이 사람은 임금에게서 벼슬을 하사받았다.

소문이 자자하게 퍼졌다. 진짜보다 더 진짜 같은 가짜를 만들어 내는 기술도 신기했거니와 그러한 기술이 사람에게 괜찮은 삶의 기반을 안겨다 준다는 것도 무척 솔깃했다. 그런데《열자》에 따르면 열어구라는 이가 그 소문을 듣고는 일침을 가했다.

**"세상의 생물들로 3년 만에 잎 하나를 빚어내게 한다면, 만물 가운데 잎을 지닌 것이 매우 적게 될 것이다. 그러므로 성인들은 자연의 도를 기반으로 하는 변화에 의지하지 기교를 믿지 않는다."**

여기서 '기교'는 기술을 가리킨다. 그리고 열어구가 문제 삼은 것은 진짜 같은 가짜를 감쪽같이 만들어 내는 기술 자체가 아니라 그러한 기술 구현에 3년이라는 시간이 투여된다는 점이었다. 3년에 제품 하나를 만들어 낸 셈이니 그 제품의 가격은 무척 비싸질 것이다. 그 대가로 벼슬자리를 받음은 익히 그럴 만도 하다. 문제는 실용적 쓰임새였다. 3년에 하나 만들어 내는 것은 실용 차원에서는 무용지물 그 자체였다. 열어구가 자연이 만물을 빚어내는 속도에 비기면서 그 대단한 기술을 냉소했던 까닭이다.

열어구뿐이 아니었다.《묵자》에 보면 공수반이라는 당대 최고의 장인이 대나무 등을 이용하여 하늘을 나는 까치를 만들어 날렸는데 사흘 동안이나 비행을 했다고 한다. 요새로 치면 자율 드론을 만들어 낸 셈이다. 그것도 나무로 말이다. 분명 엄청난 기술이다. 그럼에도 묵자는 아무리 빼어난 기술이라도 사람에게 이롭지 않으면 '졸렬한 기술'일 따름이라며 공수반을 나무랐다. 기술은 그 자체의 빼어남으로만 사회적 의미를 지니는 것이 아니라 실질적으로 생활에 도움이 되었을 때 비로소 그 빼어남도 의미가 있다는 통찰이다.

이런 점에서 지금의 인공지능 기술은 많이 두렵다. 순식간에 화자의 음성을 재현하고 사진 한 장으로 연관된 동영상을 금방 만들어 내는 데서 보이듯이 진짜 같은 가짜를 만드는 데 시간이 오래 걸리지 않는다. 이를 실용적이라고, 생활에 도움이 될 거라고 여기는 이가 많다. 게다가 악용하고자 마음먹은 이들도 적지 않다. 그래서 두렵다는 것이다. 진짜와 가짜를 구분하는 인간의 안목은 저 옛날이나 21세기 지금이나 별 차이가 없다. 그런데 기술은 진짜보다 더 진짜 같은 가짜를 아무렇지도 않게 만들어 내고 있다. 가짜들이 진짜인 양 행세하는 세상이 가속되고 있음이다. 가짜 뉴스가 진짜 뉴스를 쫓아낸 지 이미 오래된 데서 알 수 있듯이 말이다.

# 소멸

왜 국가는 아이들의 울음소리를
잃었는가?

# 49

# 축복이
# 사라진 시대

"자식은 신의 유산이고 축복이다."

−구약성서

인구절벽을 입증할 위험한 수치들이 해마다 발표되고 있다. 2023년 한 해에 태어난 아이 수는 겨우 23만 명에 불과했다. 합계출산율, 즉 임신 가능 연령대의 여성이 낳으리라 기대되는 아이 수는 0.72%이고 그해 4분기만 따지면 0.65%로, 이대로 가면 큰일이라고 난리다. 남녀 두 사람이 결혼해 낳을 아이가 한 명도 채 안 된다니, 우리나라 인구가 조만간 반토막이 날 판이다. 그러니 우려의 말이 유난스러운 것은 아니다. 사람들은 결혼을 거부하고, 결혼해도 아이를 낳지 않으려 하고, 낳는다 해도 최소로 계획한다. 육아가 너무 힘든 것이 주된 이유 중 하나로 꼽힌다. 아이를 낳으면 낳을수록 돈이 많이 들고, 부모의 수입이 이를 감당하지 못하면 가정이 불행해진다는 불안에 휩싸이니, 자식 많이 낳을 생각을 못 하는 것이다.

우리 사회에서는 육아가 여성에게 특별히 힘든 구조이기 때문이라는 분석도 있다. 여성도 자기 취향과 능력에 맞게 일하면서 사는 시대가 되었는데도 옛날처럼 남자는 나가 돈 벌고, 여성은 집에서 살림한다는 사고방식은 여전하다. 여성은 직장에서 오전 오후 일하고, 저녁에는 집안일과 육아를 책임진다. 직장에서의 퇴근이 집으로의 출근인 삶이다. 아이를 낳으면 낳을수록 여성은 정신적·육체적으로 고되다. 게다가 출산과 육아는 여성에게 직장 내 불이익의 원인이 되고, 자기 존재를 부정하는 일이 되곤 한다. 육아휴직이 경력단절이 되고, 승진의 방해 요소가 되니 말이다. 이런 불합리한 사회구조가 우리나라의 인구절벽 원인이라는 것이다.

이런 상황이니 성경의 한 구절(〈시편〉 127편)이 달리 들린다.

**"자식들은 신의 유산(遺産)이며, 태의 열매는 신의 상급이다. 젊은이의 자식은 장수의 손에 들린 화살 같으니, 이것이 그의 화살통에 가득한 자는 복되도다. 그들이 성문에서 그들의 원수와 담판을 벌일 때, 수치를 당하지 않을 것이다."**

고대 이스라엘의 가장 지혜로운 왕으로 꼽히는 솔로몬의 노래다. 화살통에 화살이 가득한 전사는 얼마나 든든하고 당당한가. 전쟁터에서 그는 승리를 쟁취할 것이다. 적과 담판할 때, 자식들은 얼마나 듬직한 뒷배가 되는가. 그러나 지금 우리에게 다산이 신의 축복인지 의심스럽다. 신이 내리는 축복은 모든 사람이 갈망하지만, 그 누구도 자식을 많이 낳으려고 하지 않으니 말이다. 그러나 솔로몬의 말에 지혜가 담겨 있다면, 우리는 당장 직면한 현실의 무게에 짓눌려 지레 겁을 먹고 하늘의 지고한 복을 포기하는 어리석음을 범하는 것인지도 모르겠다.

아브라함은 99세, 그의 아내 사라는 89세가 되도록 둘 사이에는 아이가 없었다. 그것이 내내 두 사람을 우울하게 했다. 어느 날그에게 신이 나타났다. "내가 너로 심히 번성하게 하리니 내가 네게서 민족들이 나게 하리라." 그리고 그 이듬해 거짓말처럼 아들이 태어났다. 둘은 너무나 기뻐 아들의 이름을 '그가 웃을 것이다'

3부 세상은 왜 이토록 불완전한가

라는 뜻의 이삭이라 불렀다. 그러나 아이가 자라자, 신은 변덕을 부렸다. 이삭을 번제물로 바치라고 했다. '그가 웃을 것이라고?' 아니, 아브라함에겐 피눈물이 날 일이었다. 하지만 그는 묵묵히 순종했다. 제단 위에 아들을 올려 놓고 칼로 찌르려는 순간, 신은 또다시 변덕을 부렸다. "그 아이에게 손대지 마라. 아무 짓도 하지 마라!"(〈창세기〉 22장) 가장 소중한 아들조차 신에게는 아낌없이 바치려는 믿음에 신이 감동한 것이다. 그리고 축복했다.

**"내가 네게 큰 복을 주고, 네 씨가 크게 번성하여 하늘의 별과 같고, 바닷가의 모래와 같게 하리니, 네 씨가 그 대적의 성문을 차지하리라."**

많은 자식은 가문의 힘이며, 신의 축복이라는 말이다. 이 말에 고대인의 삶의 지혜가 담겨 있고 그것이 지금도 유효한 것이라면, 정말 우린 큰 위험에 처한 셈이다. 하늘의 별, 바닷가의 모래처럼 번성하기는커녕, 불에 탄 볏단처럼 바람에 훅 날아 갈 판이니 말이다.

하지만 이런 구절들을 들어 무작정 출산만 강조하며, 출산에 소극적인 젊은 세대를 다그칠 수만은 없는 일이다. 공동체 전체가, 특히 정부와 지도자들이 법과 제도를 다듬어 출산과 육아가 축복이 될 수 있는 여건을 만들어 나가는 일이 더욱더 절실하다. 축복을 마다할 인간은 없을 테니까.

# 50

# '인구'라고 쓰고 '생존'이라 읽다

"백성이 흩어지면 나라는 빈 껍데기다."

–관자

옛날 중국에 있었던 일화다. 양나라라고도 하는 위나라의 군주 혜왕이 맹자에게 하소연했다. 자신은 나라에 온 마음을 다했다. 그래서 한 지역에 흉년이 들면 다른 지역의 곡식을 그곳으로 옮기고, 또 다른 지역이 흉작이면 작황이 괜찮은 지역의 곡식을 그곳으로 옮겨 백성이 굶주리지 않도록 최대한으로 보살폈다. 군주로서 이렇게 백성에게 진심인 예를 다른 나라에서는 찾아볼 수도 없는데 왜 인구가 늘지 않는지 답답하기 그지없다며 불평했다.

혜왕의 하소연을 듣고 있던 맹자는 "오십 보로 백 보를 비웃는다"는 비유로 혜왕을 비꼬았다. 전쟁터에서 앞서 도망친 자를 늦게 도망친 자가 비겁하다며 비웃는다는 이 이야기로 맹자는 혜왕의 "진심을 다했다"는 정책이 실은 선정을 하는 척 시늉한 것에 불과했음을 대놓고 꼬집었다. 오십 보를 갔든 백 보를 갔든 전장에서 도망쳤다는 점에서는 마찬가지인 것처럼, 국정 전반이 선정과 거리가 먼 상태에서 시행하는 정책은 선정을 흉내 낸 것일 수는 있어도 진짜 선정은 아니라는 취지였다. 인구의 자연적 증가나 주변국에서의 유입은 국정 전반이 좋은 정치, 곧 백성을 진정으로 위하는 정치라야 가능했다고 보았다.

맹자만이 아니라 공자를 위시한 유가들은 인구 증대를 국정의 필수 요건으로 꼽았다. 공자는 위나라에 갔을 때 인구가 번성하구나 하며 감탄했다. 이를 본 제자 염유는 인구가 번성한 다음에는 무엇을 해야 하냐고 여쭸고 공자는 그들의 생활을 넉넉하게 해주어야 한다고 답했다. 염유가 다시 그 다음에는 무엇을 해야 하냐고 여쭙자 그제야 가르쳐야 한다고 일렀다. 흔히 유교 하면 삼강오륜 같은 도덕 교화를 먼저 떠올리곤 하지만, 공자는 도덕 교화를 시행하기 위해서는 먼저 국가에 인구가 많아야 하고 그렇게 많은 인구가 넉넉하게, 달리 말해 잘살 수 있게 해야 한다고 못 박았다.

국가가 잘 되려면 인구가 충분히 갖춰져야 하고, 인구가 충분히 갖춰지려면 백성을 잘살게 해줘야 한다는 통찰이다. 안 그러면 염유와의 대화에서 읽어 낼 수 있듯이, 번성했던 인구도 삽시간에 줄어들 수 있다는 것이다. 잘살 수 있음이 늘어난 인구를 유지함의 관건이라는 뜻이다. 2500여 년 전인 공자의 시대나 그 100여 년 후인 맹자의 시대도 인구 증대와 유지의 관건은 결국 '잘살 수 있음'의 여부에 달려 있었음이다. 공자가 자신이 그렇게도 중시했던 도덕 교화를 백성이 잘살게 된 다음의 일로, 그러니까 인구 증대와 유지를 성공적으로 일궈 낸 다음으로 미뤘을 정도였다.

이는 공자뿐만이 아니었다. 유가와 대척점에 서 있던 법가도 인구를 잘살 수 있음과 연계하였다. 법가적 사유가 잔뜩 모여 있는《관자》는 나라가 반드시 망하게 되는 원인으로 땅이 남아도는 '토만(土滿)'과 사람이 넘쳐나는 '인만(人滿)'을 들었다. 땅이 남아돈다고 함은 경작할 토지가 많음에도 인구가 부족하여 이를 경작하지 못하는 상태를 가리킨다. 지금으로 치자면 일손을 필요로 하는 곳은 많은데 정작 일할 사람이 부족하여 경제가 제대로 돌지 않는 상황에 해당한다. 사람이 넘쳐난다고 함은 사람이 많음에도 잘 다스려지지 못해 백성들이 안정적 생활이 불가능한 상태에 처해 있음을 말한다. 이렇게 되면 인력이 국력으로 이어지지 않게 되어 결국 나라가 망할 수밖에 없다는 것이다.

한국의 소멸을 운운하는 외신이 있을 정도로 우리 사회는 심각한 인구절벽에 수년째 마주하고 있다. 그런데《관자》에서는 인구가 많다고 나라가 망하지 않는 것이 아니니 관건은 잘살 수 있음에 있다고 했다. 인구 문제는 단지 인구의 많고 적음 문제가 아니라는 뜻이다. 그것은 어디까지나 '잘살 수 있는가'의 문제라는 얘기다. 따라서 출생률의 지속적 저하는 출산의 주체인 젊은 세대가 국가와 사회에 지속적으로 되묻고 있는 것이다. 나는 물론이고 아이들이 과연 잘살 수 있는지를, '잘삶'을 저해하는 양극화의 고착화 같은 제반 사회적 병폐를 해소할 역량 있는지를, 아니 그렇게 하고자 하는 의지가 정녕 있는지를 말이다.

# 생존

---

## 규칙이 사라진 세상에서
## 어떻게 살아남을 것인가?

# 51

# 영원한 강자도, 영원한 약자도 없다

"냉혹한 관계 속에 있을수록
약자에게는 자유를 지키는 용기가 필요하다."

-헤로도토스

고대 페르시아(아케메네스 왕조)는 기원전 550년 지금의 이란 지역에서 작은 나라로 출발했다. 그런데 키루스 2세가 메디아, 리디아, 바빌론 등 주변 강대국을 정복하면서, 페르시아는 제국의 위용을 갖추어 나갔다. 그때 소아시아 서쪽 해변에 세워졌던 그리스의 식민 도시들도 페르시아에 복속되고 말았다. 하지만 그리스인들은 페르시아의 간섭에서 벗어나려고 저항했다. 기원전 499년, 다레이오스 1세 때였다. 자유를 위한 그들의 반란을 도운 것은 그리스 본토의 도시국가 아테네였다. 그러나 이오니아 식민 도시들의 저항은 5년 만에 제압되었고, 그들을 도왔던 아테네에 대해 화가 난 페르시아의 왕은 본때를 보여 주겠다며, 헤로도토스의 기록에 따르면, 20만이 넘는 대군을 그리스로 보냈다고 한다. 아테네를 박살 내 분을 삭이고, 그 서슬에 그리스를 몽땅 먹어 버리겠다는 야망이 불끈거리며 추동한 것이다.

기원전 490년, 그리스 본토에 도착한 페르시아의 군대는 먼저 아테네 인근의 에레트리아를 쳤다. 페르시아가 두려웠던 에레트리아의 국론은 둘로 갈라졌다. 헤로도토스는 《역사》에 이렇게 기록했다.

**"한쪽은 도시를 버리고 유비아섬 산꼭대기로 갈 것을 고심했고, 다른 쪽은 페르시아인들에게서 얻을 떡고물을 기대하고 배반을 준비했다."**

강대국의 침략 앞에서 이 작은 나라의 시민들 가운데 용감하고 건전한 판단을 하는 이는 하나도 없었다. 그 누구도 자기 나라를 위해 싸울 용기를 내지 않는 마당에 그들을 도우러 왔던 아테네인들이 목숨을 바쳐 싸울 리가 없다. 그들은 어이없어하며 되돌아가 자국의 방위 태세를 점검했다. 그리고 에레트리아는 두 명의 매국노에 의해 페르시아에게 넘어갔다. 페르시아인들은 도시를 짓밟고 신전을 불태웠으며 주민들을 노예로 삼았다.

페르시아는 곧장 아테네를 노리고 달려가, 마라톤 평원에 진을 쳤다. 페르시아인들은 아테네도 자신들에게 겁을 먹고 굴복하리라 믿었다. '20만'이란 숫자는 당시까지의 아테네 병력의 약 20배였다. 게다가 아테네에서 참주 노릇을 하다가 민주파 인사들에게 쫓겨났던 히피아스라는 자는 빼앗긴 권력을 되찾겠다고 페르시아의 길잡이 노릇까지 하고 있었다. 패기 넘치게 마라톤으로 달려간 아테네인들과 그 장군들 다수도 평원에 진을 친 페르시아 군대의 규모를 보고 멈칫거리며 겁에 질리고 말았다. 아테네도 결국 에레트리아 꼴이 났을까?

아니었다. 다행히도 아테네에는 밀티아데스 장군이 있었다. 그는 페르시아와 싸우자고 주장했고, 반대에 부딪히자 군사 작전의 결정권을 쥔 장군을 찾아갔다.

**"칼리마코스여, 아테네를 노예로 만들 것인가, 아테네의 자유를 지킬 것인가는 이제 그대 손에 달렸소. 우리 아테네**

**가 페르시아에게 굴복하고 히피아스에게 넘겨진다면 어떤 고통을 당할지 불을 본 듯 환하오. 그대가 내 의견에 찬성하면 우리는 자유를 지키고 그리스에서 으뜸이 될 것이오."**

칼리마코스는 '멋진(Kalli-) 싸움(Makhos; Machos)'이라는 이름 값을 톡톡히 했다. 밀티아데스를 지지했고, 그와 함께 전투에 나가 '멋지게 싸워' 승리를 이루었다. 스파르타가 종교 행사를 이유로 미적거리는 사이, 아테네는 동맹국 플라타이아와 함께 대략 1만 명이 조금 넘는 군대로 페르시아의 대군을 완전히 제압한 것이다. 페르시아는 엄청난 타격을 입고 물러났다. 밀티아데스의 말처럼, 마라톤 전투(기원전 490년)와 살라미스 해전(기원전 480년)에서 승리한 이후, 아테네는 300여 개의 도시국가를 모아 델로스 동맹을 결성해 그 맹주가 되었고, 그 힘을 바탕으로 그리스 문명의 황금기를 이끄는 주역이 되었다. 그리고 한 세기가 지난 후, 알렉산드로스를 필두로 한 그리스의 연합군은 페르시아로 넘어가 거대한 제국을 송두리째 정복하고 헬라스 제국을 이루었다.

국제역학 관계에서 강자는 언제나 강자가 아니고 약자는 언제나 약자가 아니다. 자유를 위해 목숨을 걸 각오가 있다면, 그래서 강자에게 당당하게 맞설 용기를 갖는다면, 그 자체가 이미 스스로 강자임을 입증하는 것이다. 수천 년의 역사에서 우리는 지금까지 강대국들 사이에서 힘겹게 생존해 왔다. 지금도 그렇고, 앞으로도

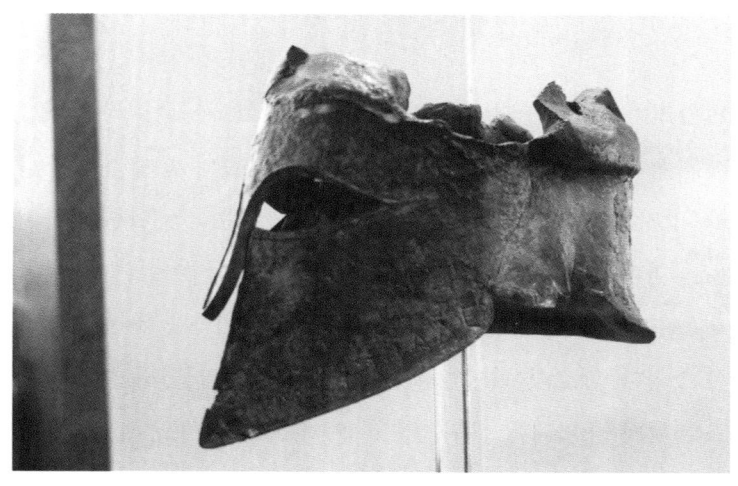

밀티아데스는
영광보다 생존을 먼저 계산했고,
그 냉정함이 역사를 남겼다.

지정학적 환경은 결코 만만치 않지만, 그것이 우리의 전략적 위상까지 영원히 제약한다고 볼 필요는 없다. 그 누구도 무시 못 할 힘을 키워 새로운 역사를 만들어 낼 수도 있다는 희망을 포기하지 말아야 한다. 지금 우리가 나아갈 새로운 길을 2500여 년 전 지중해 동쪽의 작은 나라 아테네가 거대 제국 페르시아를 어떻게 이겨 냈는지를 기록한 헤로도토스의《역사》에서 찾아보면 어떤가? 그리고 그 뒤를 이어 그리스 북쪽의 작은 나라 마케도니아가 어떻게 힘을 키워 페르시아를 정복했는지를 되새겨 보면 어떤가?

# 52

# 패권을 가진 자에게서
# 도덕을 구걸하지 말라

**"도덕과 대국은 대체로 무관하다."**

–춘추좌전

지구촌 양대 강국인 미국과 중국의 패권 다툼이 점입가경이다. 트럼프 대통령 집권 1기부터 본격화된 양자 간 충돌은 군사·외교·경제·문화 등 전 영역에 걸쳐 지속되고 있다. 도덕적 정당성을 확보하기 위한 경쟁도 치열하다. 2021년 알래스카에서 열렸던 미중 고위급 회담은 그러한 단면을 잘 드러낸다.

당시 바이든 대통령 취임 이후 처음 열린 미중 고위급 회담에서 미국과 중국은 서로 도덕적이지 못하다며 거친 언사를 주고받았다. 먼저 미국 측 대표가 중국이 규범에 기초한 국제질서를 약화시켜 힘이 곧 정의가 되는 폭력적이고 불안정한 세계를 만들고 있다고 힐난하였다. 그러자 중국 측은 미국의 인권 수준이 흑인들이 살해되는 낮은 단계에 처해 있다며 조롱했고, 다른 나라를 압박하기 위해 군사력과 금융 우위를 이용한다며 대놓고 비난했다.

지구촌 질서를 좌우하는 두 대국이 서로를 향해 도덕적이지 못하다며 한바탕 샅바 싸움을 벌인 셈이다. 그런데 힘에 있어서는 둘째가라면 서러워할 두 대국이 하필 도덕을 매개로 상대를 헐뜯었을까? 언뜻 명색이 대국이라면 도덕적으로도 훌륭해야 한다는 관념을 미국이나 중국 모두 공유한 듯 보이는데, 사실 대국과 도덕을 당연시하며 연결하는 관념은 오늘날 우리 사회에서만의 독특한 현상만은 아니다.

춘추시대는 대국과 소국 간의 생존을 위한 투쟁이 치열하게 치러졌던 시기다. 그 실상은 공자가 편찬한 《춘추》에 간략하게 담겼고, 이를 해설한 《춘추좌전》에 상세하게 실려 있다. 여기에는 대국과 소국에 대한 통찰도 풍부하게 담겨 있다. 2500년도 훨씬 더 된 먼 옛날에 대국과 소국에 대한 성찰이 그처럼 냉철하게 수행됐다는 사실이 믿기지 않는다. 덕분에 《춘추좌전》은 대대로 대국과 소국 관계를 헤아릴 때 경전처럼 활용되었다.

**"대국은 의로움을 따름으로써 패자가 돼야 합니다. 그래야만 제후들이 한편으론 패자의 덕을 그리워하고 한편으론 토벌될까 두려워하며 두 마음을 품지 않게 됩니다. (…) 미더움으로써 의로움을 행하며 의로움으로써 사명을 완수함은 소국의 바람이자 사모하는 바입니다. 미덥지 아니하고 의롭지 않다면 천하 제후 중에 누가 떠나지 않고 남아 있겠습니까?"**

여기서 제후는 지역 군주 정도에 해당하고 패자는 그러한 제후 가운데 가장 강자를 가리킨다. 인용문에 따르면 대국이 패자가 되고자 한다면 반드시 의로워야 한다. 덩치만 큰 대국에 머물지 않고 중원을 좌우하는 패권국으로 발돋움하고자 한다면 도덕성을 갖춰야 한다는 요구다. 말만 패권국이 아닌 진짜 패권국이 되려면 다른 대국이나 소국이 그 나라를 믿고 따라야 비로소 가능해지니, 도덕은 그러한 일을 실현하는 데 관건이라는 통찰이다.

여기서 유념할 대목은 《춘추좌전》의 저자가 대국과 패권국을 구분하며 논지를 전개했다는 점이다. 도덕의 구현은 모든 대국에

패권은 세계를 정복하기보다,
세계가 보이는 방식을 먼저 장악한다.

게 요구된 것이 아니라 패자가 되고자 하는 대국에 요구되었다. 이는 대국이 되는 데 도덕이 꼭 필요한 자질이 아닐 수 있음을 시사한다. 물론 대국의 도덕성에 대한 요구는 꾸준히 있었다. 도덕적이지 못한 통치는 민란의 씨앗이 되어 대국이든 소국이든 할 것 없이 결국 망하게 된다는 논리였다. 그러나 이는 단지 당위 차원에서 제기된 주장일 뿐, 실제 역사에서 춘추시대의 대국은 훗날 부도덕함 때문이 아니라 힘이 더 센 대국에 의해 망했다.

따라서 패자가 되고자 하는 욕망만 없다면 대국은 국가의 대소사를 항상 도덕 기반으로 처리할 필요가 없게 된다. 미국과 중국이 서로를 부도덕하다며 비난함은 자기만이 패자가 되고자 하는 욕망 때문이지 도덕에 대한 확고한 신념이 있어서 그랬던 것은 아니라는 얘기다. 단적으로 대국은 이익이 될 때만 도덕적이면 됐다. 그러면 힘을 크게 잃지 않게 되어, 이를테면 소국을 어떻게 대하든 간에 대국을 유지하는 데 별 지장이 없었다. 대국이 도덕 운운한다고 하여 그들이 다른 국가와의 관계를 정말로 도덕을 기반으로 맺어 가고 대한다고 덥석 믿어서는 안 되는 이유다. 역사가 밝히 말하듯 대국이 도덕적으로 훌륭한 '대인'처럼 다른 나라를 줄곧 대한 적은 결단코 없었다.

오죽했으면 신하임에도 자기가 모시는 군주에게 "마음이 강하지 못하면서 무엇 때문에 굴욕을 두려워하는가?"라는 속담을 인용하며, "강하지 못한 처지에서 약자로도 처신하지 못하는 것은 패망하는 길입니다"(《춘추좌전》)라고 간언했겠는가? 같은 중국인의 나라임에도 대국은 저런 절규가 나올 정도로 소국을 마구 대했다. 비단 춘추시대 때만의 일은 아니기에 하는 말이다.

# 앞으로 어떻게 살아 낼 것인가

# 태도

능력주의 시대를 건너는 무기는
무엇인가?

# 53

# 완벽함보다 중요한 것은 태도다

"적절한 능력도 필요하지만,
정말 중요한 것은 공동체 의식과 도덕이다."
–아리스토텔레스

인류 역사에서 정치체제가 어떻게 만들어졌는지를 잠시 상상해 보자. 작은 무리를 이루며 이리저리 옮겨 다닐 때, 그 부족에서 가장 힘이 세고 똑똑하고 경험이 많은 사람이 지도자가 되었을 것이다. 부족 사이에 싸움이 벌어지면, 승리한 부족을 중심으로 두 부족이 합병되며, 많은 경우에 패배한 부족은 승리한 부족의 노예가 되면서 집단의 규모가 점점 커졌고, 마침내 국가 공동체가 탄생했을 것이다. 그 과정에서 한 사람에게 권력이 집중되는 현상은 어느 정도 자연스러운 일이었다. 그러나 조직의 규모가 커짐에 따라 군주가 혼자서 나랏일을 모두 다 할 수는 없었다. 똑똑한 참모들이 필요했다. 군주 곁에 누가 있느냐가 군주의 정치 생명을 좌우할 판이었다. "인사가 만사다"라는 말이 나올 법했다.

그런데 그리스 아테네에서는 특별한 사건이 일어났다. 한 사람이 전권을 쥐던 왕정에서 소수의 뛰어난 지도자들이 함께 통치하던 귀족정, 과두정으로 권력이 다수에게로 분산되다가, 갑자기 독재적인 참주가 다시 나타났다. 기원전 561년경, 페이시스트라토스였다. 그는 민중의 지지를 얻고 귀족과 왕족의 기득권 세력을 몰아내며 권력을 잡았다. 그의 두 아들이 권력을 이어받았지만, 하나는 암살당하고, 하나는 추방당하면서 아주 새로운 정치제도가 탄생했다. 기원전 508년 클레이스테네스가 주도한 민주정이었다. 그리스어로 '데모크라티아(Dēmokratia)', '민중(Dēmos)'이 '권력(Kratos)'을 행사하는 정치체제였다.

실제로 클레이스테네스는 아테네가 지배하는 아티카 전 지역을 약 140개의 데모스로 나누고, 시민을 권력의 주체로 삼는 아주 새롭고 혁신적인 정체인 민주정을 만들었다. 특정인이나 특정 집단이 권력의 주체였던 이전 정체와는 달리, 데모스의 모든 시민이 권력의 주체가 되는 것이었다. 그런데 민주정에서는 누가 국정을 맡을 것인가? 왕이나 대통령, 수상 같은 국정 최고 책임자는 없었다. 대중이 그 역할을 했고, 특정직을 수행하는 사람들을 뽑았다. 그런데 놀랍게도 그 방법은 제비뽑기였다.

물론 예외는 있었다. 군사·예산·외교 등의 직책은 민회나 평의회에서 공개적인 거수투표로 선출했다. 하지만 그 밖의 공직과 사법부의 재판관은 제비뽑기로 임명했다. 시민이라면 누구나 그 정도 일은 다 할 수 있다는 정치적 믿음에 근거한 제도였다. 이 제도가 시행되던 기원전 5세기, 아테네는 정치·경제·군사·문화적 황금기를 이루었다. 이런 성공은 민주정에 대한 아테네 시민들의 신뢰와 자부심을 한껏 고취했다.

비판이 없을 리 없었다. 소크라테스는 아테네 민주정의 공직 선출 방식에 대해 어이가 없었다. 마치 올림피아 제전에 나갈 선수를 제비뽑기로 정하는 것과 마찬가지로 황당한 일이라고 비판했다. 각 종목의 탁월한 능력을 갖춘 선수를 엄정한 절차로 뽑지 않는다면, 아테네가 우승할 확률은 거의 없는 셈이다. 바다를 항해할 선원과 선장을 선정할 때, 항해 능력을 보고 뽑지 않고, 제비뽑기로 정한다면 어떻게 되겠는가?(아리스토텔레스의《수사학》) 소크라테스뿐만 아니라, 그의 제자 플라톤도, 그 이후 아리스토텔레스를 비롯한 아테네의 여러 지식인이 제비뽑기의 무모함을 지적하며 아테네 민주정의 맹점이라고 비판했다. 역할에 맞는 능력을 갖춘 사람을 엄선해야만 나라가 잘 돌아간다는 상식적인 주장이었다.

그런데 능력이 인사에 충분조건은 아니다. 반드시 함께 고려되어야 할 것이 있다. 바로 공동체 의식과 도덕성이다. 탁월한 능력자가 나라의 발전과 국민의 행복을 위해 헌신하는 대신, 사리사욕을 채우기 위해 수단과 방법을 가리지 않는다면, 나라는 좀먹고 국민은 고통스러울 것이다. 게다가 그 똑똑한 머리로 자신의 비리를 감추고 정당화하면서 국민을 속인다면, 그것을 적절하게 막지도 못하고, 국민은 계속 억울하게 당해야만 한다. 물론 도덕성이 전부는 아니다. 아무리 청렴결백하고 인화력이 뛰어나도 무능력하다면 무슨 소용이 있는가?

새로운 정부가 출범할 때마다 중요한 직책에 누가 발탁되는가 하는 인사의 문제가 항상 제기된다. 딱 맞는 인재들이 요직에 임명되길 온 국민이 기대하며 주목한다. 탁월한 실력과 도덕성, 고결한 인품을 갖춘 사람이라면 얼마나 좋을까. 그렇지 못하다면, 그 옛날 아테네 민주정의 제비뽑기만도 못하다는 비판이 나와도 할 말이 없을 것이다.

# 54

# 결국 최후의 승자는 '선한 사람'이다

"어진 자에게는 대적할 사람이 없다."

-맹자

군자라는 말이 있다. 인격적으로 훌륭한 이를 가리키는 말이다. 그런데 이 말에 처음 담겼던 뜻은 '군주나 귀족 집안의 남자'였고, 저 옛날 고위직은 이들 통치계층의 남자로 채워졌던 탓에 군자는 주로 지위가 높은 관리라는 뜻으로 쓰였다.

그렇다고 군자라는 말에 훌륭한 인격의 소유자란 뜻이 없었던 것은 아니다. 옛날에도 관리가 되기 위해서는 직무 역량과 도덕 역량이 요구됐다. 그것도 직무나 도덕 모두 '스승'이라고 불릴 수 있을 정도의 전문성과 고상함을 갖춰야 했다. 임금이 '군사(君師)', 그러니까 '군주이자 스승'이라고 불렸던 까닭이다. 다만 관리에게 요구됐던 이러한 기본이 언제부터인가 이상이 되었다.

어느 날 맹자는 잠 못 이룰 정도로 기뻐했다. 제자 악정자가 노나라의 재상이 된다는 소식을 접해서였다. 곁에 있던 제자 공손추가 갸우뚱하며 여쭈었다. "악정자가 강합니까?" 맹자가 답했다. "아니다." 공손추가 거듭 여쭈었다. "지혜롭습니까?" 이번에도 답은 "아니다"였다. 공손추가 다시 여쭸다. "견문이 넓습니까?" 맹자는 또 아니라고 대답했다. 그러자 공손추는 대체 무엇 때문에 잠 못 이룰 정도로 기뻐하시냐고 여쭈었고 맹자는 악정자가 선함을 좋아하기 때문이라고 답했다.

여기서 강하다고 함은 전쟁 수행 능력 같은 강함을 갖추었냐는 뜻이다. 지혜롭냐는 것은 복잡다단한 내정과 외교를 처리할 만한 지적 역량이 있냐는 의미이고, 견문이 넓으냐는 것은 국정운영에 필요한 경륜을 두루 갖췄느냐는 얘기다. 이 셋은 당시 관리에게 요구되었던 대표적 직무 역량이었다. 그럼에도 맹자는 악정자가 그러한 역량을 갖추지 못했음이 별문제가 되지 않는다며 좋아했다. 이유는 악정자가 선을 좋아한다는, 곧 도덕 역량을 잘 갖추었다는 점이었다.

공직자가 직무 역량과 도덕 역량을 겸비해야 함은 참으로 오래된 상식이다. 그런 점에서 직무 역량을 도외시한 맹자는 이상주의자라고 할 수 있다. 그러나 이는 겉으로 보이는 글자 뜻으로만 이해한 결과다. 맹자는 '좋은 신하'의 실체를 짚어 보는 대목에서 이렇게 말했다.

**"오늘날 신하들은 군주를 위하여 토지를 넓히고 창고를 채울 줄 안다고 자부하니, 오늘날 말하는 좋은 신하는 옛날의 이른바 백성을 해치는 자들이다. 군주가 도를 도모하고 어짊을 추구하도록 하지 못하면서 군주를 부유케 하니 이는 폭군을 부유케 하는 것이다."**

관리의 조건으로 꼽힌 강함, 지혜, 견문 등이 군주만을 위해 사용될 때, 그것도 도덕과 담쌓고 있는 군주를 위해 사용될 때, 이는 군주에게나 좋은 신하가 될 뿐 백성에게는 도적과 다름없게 된다는 얘기다. 관리가 백성과 이익 공동체를 이루는 길이 아닌, 그런 군주와 이익 공동체를 이루는 길을 걸으면 군주는 폭군이 되고 자신은 도적이 된다는 경고이다.

관리는 군주의 이익과 백성의 이익 사이에 끼인 존재라는 뜻이 아니다. 도덕 역량을 온전히 갖추고서 군주의 도덕 역량을 제고해 간다면 '군주-관리-백성'이 하나의 이익 공동체가 될 수 있다는 말이다.

우리나라에는 공직자의 이해 충돌을 방지하는 법안이 다수 마련되어 있다. 국회나 정부, 법원, 공기업 등 공무를 담당하는 기관에 종사하는 이들이라면 기본으로 갖춰야 하는 도덕심이 증발되자 급기야 법으로 이를 강제하게 된 셈이다. 문제는 이러한 규제를 공정하지 못하다고 여기는 이들이 적지 않다는 점이다. 예컨대 "내가 열심히 노력해서 국회의원이 됐는데, 판사가 되었고 검찰이나 경찰이 되었는데, 또 그 힘들다는 공기업에 들어왔는데, 그렇게 얻은 기회와 힘을 바탕으로 재테크를 했는데 뭐가 문제냐?"는 볼멘소리가 들려오는 까닭이다.

자신이 갖춘 능력을 권력 쪽으로만 결부시켰기에 나올 수 있는 얘기다. 이렇게 되면 능력은 특권 같은 누림의 굳센 토대가 되고, "억울하면 댁도 공무원 하세요"와 같은 비아냥거림에서 목도되듯이 다른 이에게는 진입 장벽이 된다. 능력이 나에게는 특권, 타인에게는 '노오력'이 되고 만다는 얘기다. 공정을 최우선 가치로 삼는다면, 적어도 나의 능력이 다른 이의 노력을 휘발시키는 폭력이 되어서는 안 되지 않은가!

# 책임

소중한 것을 위해
무엇을 버릴 수 있는가?

# 침묵은
# 미래를 갉아먹는다

"늑대는 양 떼를 닥치는 대로 물어 죽였으나,
마을은 고요했다."

–이솝우화

고통을 피하고 편안함과 즐거움, 기쁨을 추구하는 것이 인간의 본성이다. 풍요로움에서 느끼는 만족과 쾌감이 행복으로 정의되기도 한다. 그래서 사람들은 손해 보기를 꺼리고, 이익이 되는 것에 솔깃하고 집중한다. 이러한 호리적(好利的), 탐리적(貪利的) 본성 때문에 우리는 종종 도덕적으로 갈등한다. 큰 이익이 생길 것 같으면 옳지 않은 일이라도 하려는 욕망에 휩싸이기도 하고, 정의롭게 행동하려다가도 큰 손해가 예상되면 머뭇거리다가 포기하곤 하기 때문이다.

### "이익을 추구할 것인가, 아니면 의로운 길을 갈 것인가?"

손해를 감수하면서도 의로운 행동을 하는 사람들은 종종 고지식하고 바보 같다는 조롱을 받는 반면, 이익을 잘 챙기는 사람들은 윤리적 흠결에도 불구하고 영리하고 똑똑한 사람으로 부러움의 대상이 되곤 한다. 정녕 의로우면서도 손해를 보지 않고, 넉넉히 이익을 챙겨서 풍요로운 삶을 누리는 방법은 없을까? 물론 정의와 이익은 서로 충돌하는 것만은 아니며, 올바르게 사는 것이 궁극적으로는 최대의 이익을 도모하는 일이 된다고 말하는 사람도 있다.

그런데 내가 정의롭게 사는 것만큼이나 중요한 일이 있다. 다른 사람의 불의에 대해, 특히 공적 임무를 맡은 사람의 불의에 대해 참지 않고 시의적절하게 분노하고 저항하는 일이다. 우리에게는 '거짓말쟁이 양치기'로 잘 알려진《이솝우화》의 '장난치는 양치기'는 그 점을 보여 준다. 양치기가 양 떼를 몰고 마을로부터 멀리 나갔다. 양 떼를 돌보는 일이 굉장히 따분했나 보다. 그는 갑자기 마을을 향해 외쳤다.

### **"늑대가 나타났어요. 양 떼가 위험해요!"**

이 소리를 들은 마을 사람들은 깜짝 놀라 너나 할 것 없이 양치기를 향해 뛰어갔다. 헐레벌떡 양치기가 있는 곳에 도착하니, 웬걸, 늑대는 없고 양들은 평화롭게 풀을 뜯고 있었다. 이 장면을 본 마을 사람들의 반응은 어땠을까? 화가 나고 분노할 법도 한데, 그들은 양치기가 장난친 것을 알고 '휘유' 안도의 한숨을 내쉬며 '허허' 웃으면서 마을로 돌아갔단다.

여기서 잠깐 마을 사람들의 행동에 주의를 기울일 필요가 있다. 그들은 왜 양치기의 외침을 듣고 그것이 마치 자기 일인 양, 양치기에게 달려갔을까? 그리고 양치기가 거짓말을 했다는 사실을 알고도 분노하고 꾸짖기보다는, 왜 안도의 한숨과 웃음을 지었을까? 거기에도 다 이유가 있었다. 양치기가 돌보는 양들은 마을 사람들 각자의 자기 몫이 있는 마을 전체의 공동 재산이었기 때문이었다. 양치기는 자기 양을 치고 있던 것이 아니라, 마을 사람들에게 위탁받고 공동의 양을 돌보던 것이었다. 그러니 늑대가 나타났다는 말에 놀란 마을 사람들이 자기 양을 지키기 위해 만사 제쳐 두고 양치기에게로 달려갔고, 양들이 안전하다는 사실에 분노보다는 안도감이 먼저였던 것이다. 양치기가 이렇게 말했으려나? "여러분 죄송합니다. 하지만 아무 일도 없었고, 양은 한 마리도 안 다쳤어요!"

그러고도 양치기는 똑같은 거짓말을 두세 번 반복했고, 그때마다 마을 사람들은 양을 지키기 위해 양치기가 있는 곳으로 달려갔다. 마을 사람들은 양치기의 거짓말에 화가 났지만 너그러웠다. 그것은 결국 독이 되었다. 마을 사람들은 양치기의 거짓말 습관과 올바르지 못한 행동에 의분을 느끼며 당장에라도 쫓아냈어야만 했다. 그러나 그러지 못했다. 양이 안전하다는 것에 만족하고 양치기의 불의를 방치하다가 결국 엄청난 손해와 화를 입고 말았다. 정말로 늑대가 나타나 양 떼를 공격했던 것이다. 다급해진 양치기는 고래고래 외쳤지만, 마을 사람들은 이번에도 양치기가 장난을 치는 줄 알고 꿈쩍도 하지 않았다. 결국 늑대의 이빨에 양들은 찢기고 피를 흘리며 쓰러졌다.

이 우화에서 가장 큰 손해를 본 것은 거짓말로 불의를 일삼던 양치기가 아니다. 양아치 같은 양치기에게 양을 맡기고 안일하게 그의 악행을 방치한 마을 사람들이었다. 올바르게 살아야겠지만 그것만으로 충분하지 않다는 것을, 정의로운 분노와 행동이 나와 공동체를 지킬 수 있음을 이 우화는 우리에게 말한다.

# 56

# 작은 의로움으로
# 큰 의로움을 덮을 수는 없다

"내가 지은 죄에 대해
내 목을 쳐 법을 바로 세우는 것은 도리이다."
–맹자

하루는 공자와 섭공이 올곧음에 대하여 대화를 나누었다. 섭공이 먼저 말했다. "우리 고을에 올곧은 자는 아버지가 양을 훔치자 이를 증언하였습니다." 그러자 공자가 말했다. "우리 고을에서의 올곧음은 그와 다릅니다. 아버지는 아들을 위해 숨겨 주고 아들은 아버지를 위해 숨겨 줍니다."

올곧음에 대한 견해차가 극명하게 드러나 있는 일화이다. 여기서 공자의 견해를 긍정하는 쪽은 아버지와 아들은 천륜으로 맺어진 관계인 만큼, 천륜을 중시하여 아버지의 죄를 아들이 숨기는 것이 마땅하다는 논리를 내세운다. 따지고 보면 인간사회의 모든 윤리와 법은 천륜을 바탕으로 하고 있으므로 천륜을 어기면서 법을 지키는 것은 잘못이라고도 한다. 반면에 섭공을 지지하는 쪽은 천륜을 중시한다고 하여 타인에게 피해를 입혀도 되는 것은 아니며, 나아가 사람이 사회를 이루고 함께 사는 한 무엇보다도 법을 우선하여 지킬 필요가 있다고 한다.

사람은 사회적 동물이면서 동시에 누군가의 부모이자 자식이다. 하여 법과 천륜 모두를 따르고 중시할 필요가 있다. 그런데도 공자는 천륜에 치우쳐서 말을 했다. 어느 한쪽으로도 치우치지 않는 중용을 강조했던 그답지 못한 모습이다. 물론 공자를 옹호할 여지가 없지는 않다. 섭공이 말한 올곧은 자가 관리, 그러니까 공직자가 아니었다는 점에서 그러하다. 그가 관리였다면, 그래서 공직자임에도 아버지의 범죄를 숨겨 주었다면 공자도 판단을 달리했을 수 있다. 평민이라고 전제했기에 공자가 그렇게 한쪽으로 치우쳐서 말했을 가능성이 크다는 얘기다.

만약 관리였다면 공자는 어떻게 말했을까? 그 답은 공자의 적통을 이었다고 자부한 맹자의 언급에서 찾아볼 수 있다. 하루는 제자 도응이 맹자에게 여쭈었다.

**"순 임금의 아버지가 살인을 했다면 순 임금은 어떻게 했겠습니까?"**

**"사법관 몰래 아버지를 업고 도망쳐 바닷가로 가서 평생 살았을 것이다."**

당시 바닷가는 문명의 혜택과는 거리가 한참 먼 오지였다. 그런 곳이라도 마다하지 않고 순 임금은 천자 자리에서 물러나 아버지와 숨어 사는 길을 선택할 것이라는 얘기다. 여기에는 이러한 관점이 투영되어 있다. 곧 임금도 엄연히 공직자인 만큼 법을 어기고 살인자 아버지를 살리고자 한다면, 제아무리 임금이라 할지라도 공직에서 사퇴하고 평생 험한 곳에서 불편하게 살아가는 등의 대가를 치러야 마땅하다는 관념이 그것이다.

이는 맹자만의 견해는 아니었다. 한자권 불세출의 역사서인 《사기》를 완성한 사마천도 생각이 다르지 않았다. 공직자로서 범죄를 저지른 가족을 숨겨 주는 행위를 택한다면 그 대가를 확실하게 치러야 한다는 관점이 도도한 전통으로 형성되었음이다. 사마천은 "법과 이치를 잘 따른 관리"의 사적을 다룬 〈순리열전〉에서 석사라는 관리를 역사에 새겨 넣었다. 춘추시대 초나라의 재상이었던 석사는 살인을 저지른 아버지를 도망치게 한 후 군주에게 자신의 죄를 고백하였다. 이에 군주는 그간의 공로를 감안하여 그의 죄를 사하여 주었다. 그럼에도 석사는 자결함으로써 법을 어기고 살인자 아버지를 살려 준 대가를 치렀다.

맹자나 사마천은 공직자라면 천륜을 따르느라 범하게 된 죄일지라도 그 대가는 반드시 치러야 한다고 주장한 것이다. 여기서 천륜을 따른다는 것은 가족을 사회보다 우선시한다는 것으로 '작은 의로움(小義)'이라고 할 수 있다. 반면에 법을 지킨다는 것은 가족보다 사회를 우선시한다는 것으로 '큰 의로움(大義)'이라 할 수 있다. 결국 맹자나 사마천은 공직자가 작은 의로움을 지키느라 큰 의로움을 범했다면 그 대가가 결코 작지 않음을, 그리고 반드시 치러야 함을 강조한 셈이다.

천륜을 지킨다는 것은 분명 가치 있는 일이다. 그럼에도 그것을 지키느라 법을 어기면 대가를 혹독하게 치러야 마땅하다는 것이 한자권의 전통이었다. 그러니 사리사욕을 취한 가족을 지키느라 국법을 어겼다면 그 대가가 어찌해야 마땅한 것일까? 한 시대를 정리하고 새로운 시대를 확실하게 다져 나가고자 한다면 반드시 되씹어야 할 물음이다.

# 평화

무엇을 위해 싸우고 있는가?

# 57

# 평화는
# 저절로 오지 않는다

**"평화를 상상하고 외치고 실천하라."**

–아리스토파네스

기원전 431년 스파르타와 아테네가 전쟁을 시작했다. 그리스의 다른 도시국가들도 양분되어 전쟁에 가담하면서 큰 싸움으로 번졌고 27년 동안 지속되었다. 가히 '고대 그리스의 세계대전'이라 할 수 있다. 전쟁은 수많은 그리스의 작가를 자극했다. 너무 아프고 고통스러웠기 때문이다. 투키디데스는 이제껏 이렇게 엄청난 전쟁은 없었다며 《펠로폰네소스 전쟁사》를 기록했다. 한편, 전쟁을 멈추고 평화를 이뤄내자는 갈망은 희극 작가 아리스토파네스의 작품 속에서 폭죽처럼 솟아올라 불꽃처럼 유쾌하게 터졌다.

**"오, 하느님 맙소사, 정말 웃기는 일이야. 신랑의 거시기가 집에 남아 있게 해 달라고 신부가 내게 진지하게 부탁하네! 좋다! 이리 가져와, 내 평화조약. 그녀에게 줘야겠어. 여자에겐 전쟁의 책임이 없잖아!"**

전쟁이 터지고 6년째 되는 해인 기원전 425년, 아리스토파네스는 《아카르나이 구역민들》이라는 작품을 무대에 올렸다. '정의로운(Dikaio-) 시민(polis)'이라는 뜻의 디카이오폴리스라는 농부는 꾀를 내어 스파르타와 평화협정을 맺었다. 이제 그는 전쟁에 나갈 필요가 없다. 전쟁을 고집하던 라마코스 장군이 부상을 입고 부축을 받으며 등장하는데, 디카이오폴리스는 어여쁜 여인 둘과 팔짱을 끼고, 포도주를 들이켜며 껄껄댄다. "보시오들, 비었소이다. 내가 이겼소, 내가 이겼단 말이오."

4년 뒤인 기원전 421년,《평화》라는 작품에서 '새로운 포도주 (Trux)를 거두는 자'라는 뜻의 트리가이오스라는 농부는 거대한 쇠똥구리를 타고 올림포스 궁전으로 날아오른다. 도대체 왜 전쟁이 안 끝나는 거냐고 제우스에게 따지려는 것이다. 그런데 궁전은 텅텅 비어 있고 전쟁의 신 폴레모스가 그리스 도시들을 모두 박살 내겠다고 설쳐댄다. 그놈은 평화의 여신 에이레네를 구덩이 깊숙이 집어넣고 돌무더기를 쌓아 올렸다. 트리가이오스는 그녀를 구하기로 결심하고 사람들을 불러 모아 구덩이에 밧줄을 집어넣고 온 힘을 다해 끌어당긴다. 아, 이런 빌어먹을, 훼방꾼들이 있네! 무기 제작자와 무기상, 군인, 대중 선동 정치가, 모두 전쟁을 이용해 돈과 권력을 쥐고 호의호식하는 놈들이다. 트리가이오스는 이들을 전부 쫓아내고 농부들끼리만 다시 줄을 당긴다. 마침내 구덩이에서 나온 평화의 여신 에이레네, 그러나 그녀는 혼자가 아니었다. "자, 이리로 오세요. 두 아가씨, 나를 따라 이쪽으로 더 빨리. 수많은 남자가 아주 애타게 그대들을 기다리고 있어요. 벌떡 세우고서!" 평화의 여신 곁에는 '축제의 여신(테오리아)'과 '추수의 여신(오포라)'이 함께 있었다. 그래, 평화가 있어야 신나는 축제도, 풍요로운 추수도 있는 법이지.

다시 10년 뒤 기원전 411년, '군대(Stratos)를 해산하는(Lusi-) 여인'이라는 뜻의 여인 '리시스트라테'가 무대에 오른다. 그녀의 이름이 곧 작품의 제목과 같다. 남자들은 전쟁을 벌여 놓고 수습할 줄 모르니, 여자들이 전쟁을 멈추고 평화를 이루기 위해 나서겠

4부 앞으로 어떻게 살아 낼 것인가

다고 한다. 그녀는 잠시 후 '아름다운(Kalo-) 승리(nike)'라는 뜻의 '칼로니케'라는 여인을 만난다. 그리스의 모든 여인이 합심해 남자들과의 잠자리를 거부하자는 기발한 '평화 작전'을 세운다(아리스토파네스의 《리시스트라테》).

> **"우리가 아름답게 차려입고 남자들의 몸을 달아오르게 한 뒤, 잠자리를 거부하면서 전쟁을 멈추기 전까지 안 된다고 말하면, 전쟁을 멈출 수 있어요."**

그뿐만 아니다. 여인들은 군수 자금을 보관해 둔 아크로폴리스의 파르테논을 점거하고 농성을 벌이기까지 한다. '전쟁 중단, 평화협정'을 외치는 여인들의 함성이 디오니소스 극장을 넘어 그리스 전역으로 울려 퍼졌다.

평화를 위한 희극 3부작을 내놓은 아리스토파네스의 유쾌한 상상은 실현됐을까. 《평화》라는 작품이 발표된 기원전 421년 아테네와 스파르타 사이에는 평화협정이 맺어지긴 하지만, 약 8년 후 평화협정은 휴지 조각이 되어 완전히 깨지고 전쟁은 재개되었다. 그리고 아테네의 패배로 끝났다. 진정한 평화는 없었다. 아리스토파네스가 평화를 염원하며 디오니소스 극장 무대에 올린 주인공들은 아테네의 주류가 아니었다. 힘없는 농부들과 여인들. 그들의 외침은 힘을 얻지 못하고 무대 안에서만 공허하게 울리고 말았다.

평화는 전쟁을 멈추는 말이 아니라,
멈추게 하는 결단이다.

그로부터 2400여 년이 지나는 동안 세계 곳곳에서 전쟁은 치열하게 계속되었고, 지금 우리의 상황도 그때 거기와 크게 다르지 않다. 1953년 전쟁을 멈추고 휴전선으로 분단된 채 여전히 총을 겨누고 있는 우리에게도 전쟁은 언제 재개되어도 이상하지 않을 판이다. 그래서 전쟁을 멈추고 평화를 이루자는 소망은 간절하다. 그래서 아리스토파네스처럼 유쾌하게 상상하고, 그 목소리를 공허하지 않게 만들 단단한 실천적 지혜도 절실한 것이다.

# 58

# 진짜 승리는 싸우지 않고 지키는 것이다

"싸워서 이기는 것보다
오늘의 평온한 저녁을 지키는 것이 더 위대하다."
- 공자

"가르쳐 주지 않고 죽이는 것을 일러 학살이라고 한다."《논어》에 실려 있는 공자의 말이다. 격한 숨결이 느껴진다. 공자는 격정에 휩싸인 듯 절규할 때가 종종 있었다. 현실에 대한 분노가 그렇게 표출된 듯싶다. 그도 신이 아닌 우리와 같은 인간이었으니 말이다.

위 언급 또한 마찬가지다. 그의 시대 현실에서는 왜 죽는지 모르고 죽는 이들이 무척 많았다. 전쟁 때문이었다. 그러니 전쟁으로 이익을 보는 쪽이 아니라면 평화를 갈망함은 당연했다. 공자가 성인이었기에 평화를 갈망한 것이 아니라, 생각 있는 이라면 누구든 전쟁 종식을 염원할 수밖에 없었던 게 당시의 현실이었다.

전쟁이야말로 내가 언제, 왜, 어떻게 죽는지 모르고 죽는 학살의 장이다. 맹자는 전쟁은 땅에다 인육을 잔뜩 먹이는 짓과 다름없으니 그 죄는 죽음으로도 용서될 수 없다고 절규했다. 소위 힘있고 돈 있는 자들이 땅을 넓히고자, 다른 나라의 성을 차지하고자 전쟁을 하면서 온 들판을, 또 온 성을 사람 시신으로 가득 메우는 현실은 대량학살 그 자체였다. 전쟁은 이익이 아니라 죽음, 그것도 인간답지 못한 처참함이란 각도에서 보면 결코 긍정할 수 없었던 것이다.

그렇다고 맹자가 모든 전쟁에 반대했던 것은 아니다. 그는 '의전(義戰)', 그러니까 의로운 전쟁의 필요성은 인정했다. 도덕만으로는 바로잡히지 않는 현실은 지금만 그러한 것이 아니라 맹자의 시대도 그러했기에, '의로운 폭력'으로 불의한 폭력을 진압하고 제거하는 일은 불가피하다고 본 것이다. 전쟁이 공자의 "정치(政)란 바로잡는 것(正)"이란 명제를 실현하기 위한 피치 못할 방도라면 회피하지 말아야 한다는 주장이다. 전쟁을 의로움이라는 각도에서 보고 이를 긍정했음이다.

학살이라는 이유에서 전쟁에 절규했으면서도 의로움의 실현이란 이유를 들어 전쟁을 긍정했으니 맹자가 이랬다저랬다 한 사람으로 보일 수도 있다. 그러나 맹자에게 이 모두는 일관된 지향의 표출이었다. 학살의 방지나 의로움의 실현 모두 인간을 위함이니 이점에서 맹자는 한결같았다. 그런데 묵자가 보기에 맹자의 관점은 애초에 말이 되지 않았다. 그는 한 사람이 있으면 하나의 의로움이 있고, 열 사람이 있으면 열 가지의 의로움이 있는 것이 인간의 변치 않는 현실이라고 보았다. 사람들이 옳다고 여기는 기준이 다 다르기 마련이라는 것이다. 그 결과 집단이나 지역, 국가 간에는 상이한 의로움으로 인한 갈등과 분쟁이 상존하게 된다. 심지어 가족 간에도 의가 나는 지경이다.

이러한 현실에서 의로움의 실현을 위한 전쟁이란 기치는 정당화될 수 없다. 어느 한 쪽의 의로움은 그 반대편에게는 불의일 수 있다. 묵자가 자기 방어를 위한 전쟁 말고는 어떠한 유형의 전쟁이든 결연히 반대했던 까닭이다. 그는 전쟁을 오로지 죽음의 각도에서 보았다. 수비용 전쟁에 찬동한 이유도 침입을 막아 내지 못하면 죽기 때문이었고, 침략 전쟁에 반대한 이유도 그럴 듯한 명분을 내세우지만 결국은 사람이 죽어 나가기 때문이었다. 그는 한 사람을 죽이면 그만큼의 죗값을 치르고, 열 사람을 죽이면 그만큼의 죗값을 치러야 함에는 다들 동의하면서 천 명, 만 명을 죽이면 도리어 영웅시하고, 역사에 기록까지 하며 칭송하는 이유를 도통 모르겠다며 절규했다.

1953년 6·25 전쟁이 휴전된 지 벌써 70여 년이 지났다. 한반도는 여전히 전쟁 위험이 매우 높은 지역의 하나로 꼽히고 있다. 물론 한반도의 평화 실현을 위한 노력은 계속 이어져 왔다. 2021년 당시 문재인 대통령이 유엔 총회에 이어 아세안+3 정상회의에서, 한반도에서 전쟁이 종료됐음을 국제사회가 힘을 모아 선언하자고 제안한 것도 그러한 노력의 하나다. 혹자는 국제법상 한국이 종전을 결정할 권한도 없으면서 종전 선언을 제안하는 것이 무슨 의미가 있냐고 한다. 정치적으로 종전을 이용하는 것 아니냐는 지적도 있다. 만약 그러했다면 혹독하게 비판받아 마땅하다. 전쟁 종식 앞에는 이념의 다름도, 여야의 나눔도 있어서는 안 된다. 마찬가지로 평화의 도모에도 어떠한 당파적, 속물적 욕망이 개입되어서는 안 된다. 평화는 다름 아닌 나를 또 우리를 '학살'로부터 지켜 내는 가장 확실한 길이기에 그렇다.

그래서 평화의 실현은 주어진 기회는 물론이고 없는 기회라도 만들어서 꾸준하고도 치열하게 도모해야 한다. 평화 구현은 권한이 있는지의 여부를 떠나 당사자에게는 생명의 인간다운 지속과 직결된 가장 절실한 현안이기 때문이다.

# 연대

타인의 고통을 외면한 채
행복할 수 있는가?

# 59

# 다정함은 베푸는 것이 아니라 저축하는 것이다

"세계가 함께 영원히 사는 길의 첫걸음은
환대의 윤리다."

–자크 데리다

영원히 살 수 있을까? 존재하는 모든 것은 파괴됨을 거부하며 사라짐에 저항한다. 한 번 생명을 얻고 태어난 우리는 그래서 더 오래 살고 싶고, 영원한 생명을 갈망한다. 영원한 생명, 그 비결이 궁금했는지, 한 사람이 예수에게 물었다.

**"어떻게 해야 영원한 생명을 얻을 수 있습니까?"**
**"당신의 이웃을 당신 자신처럼 사랑하십시오."**

그런데 이웃을 사랑하는 것이 어떻게 영원한 생명을 얻는 길인 가? 종교적으로는 자명하다. 이웃을 사랑하면, 죽어서 하늘나라 에 올라가 영원한 생명을 누릴 수 있으니, 죽어도 죽는 것이 아니 라는 뜻이겠다. 그러나 다른 측면에서도 이웃을 사랑하는 것이 영 원한 생명을 누리는 길이 될 수 있을 것 같다.

플라톤은 《향연》에서 남녀가 사랑하며 아이를 낳는 것은 영생 을 누리는 길이라고 한다. 사람은 자기 몸으로 그대로 영원히 살 수 없는 존재이지만, 사랑하는 사람과 사랑을 나누어 나의 일부와 그의 일부가 섞여 자식이 태어나면, 그는 내 존재의 연속이나 마 찬가지다. 내가 자식을 낳고, 그 자식이 또 자식을 낳으면 내 존재 는 그렇게 영원한 생명을 누리는 것이 아니겠는가?

좀 더 넓게 본다면, 인간의 종 차원에서 사랑은 인간을 영원히 존재케 하는 유일한 힘이다. 만약 이 세상에 사랑이 식고 사라져, 미움과 다툼, 경쟁만 있다면 어떻게 될까? 내 옆의 친구를 죽여야 내가 살 수 있는 '오징어 게임'의 세계라면 인류는 이 땅 위에 계속 생존할 수 있을까? 분쟁의 극단에서 핵무기를 서로에게 마구 퍼붓는다면, 인류는 순식간에 멸종할 것이다. 따라서 사랑은 인간 종족을 이어가게 하고, 인간 사이에 연대를 만들어 생존을 다지는 가장 큰 힘이 된다. 물론 인간이 아무리 서로 사랑하며 아껴 주고 돕는다 해도 빙하기의 찬바람에 공룡이 멸종했듯, 인간도 이 땅에서 사라질 수도 있다. 이상기후로 세계의 생태계 환경이 급격하게 변화하고, 끊임없이 발생하는 지진으로 수많은 사람이 속절없이 죽음을 맞이한 것을 보면, 인간의 노력은 무기력하고 부질없어 보인다.

그럼에도 그런 재앙과 환란 속에서 사람들 사이의 사랑과 관심은 인간이 생존을 지속할 수 있는 최선의 길이다. 타인의 불행에 연민하고, 내게도 그런 일이 닥칠 수 있다는 공포에서 타인에 대한 관심과 배려, 사랑은 절실하게 싹 튼다. 공동체 안에 사랑으로 다져진 연대의 힘은 인간의 생존을 지킨다. 그래서 재난에 고통받는 세계 구석구석의 사람들을 향한 전 세계인들의 관심과 헌신적인 원조는 인류의 생존과 구원을 위한 희망의 빛이다.

**"그런데 내가 내 자신처럼 사랑해야 할 이웃은 누구인가요?"**

그가 예수에게 다시 물었다. 이 질문에 답하면서 예수는 그 유명한 사마리아인의 비유를 들었다. 한 행인이 길을 가다가 강도를 만나 벌거벗긴 채로 두들겨 맞고 모든 것을 빼앗겼다. 죽은 것이나 다름없는 상태로 버려져 있는 그의 곁으로 한 명의 제사장과 한 명의 레위인이 지나갔다. 그들은 당시 이스라엘에서는 종교적 지도자였다. 그러나 그들은 그를 외면했다. 그를 돌보면 무엇을 얻을 수 있을까 계산했을 테고, 아무것도 없다는 답을 떠올렸을 것이다. 만약 쓰러진 그가 권력자나 부자로서 유명한 사람이었다면, 그들은 그를 돌보았을 것이다. 수고보다 더 큰 대가를 기대하기 때문이다. 그러나 당시 사회적으로 천대받던 사마리아인은 아무런 대가도 바라지 않고 그를 돌보았다. 예수는 쓰러진 자에게 진정한 이웃은 바로 사마리아인이라고 말했고 이렇게 덧붙였다. "가서 당신도 그렇게 하십시오."

프랑스의 이민자 문제를 철학적으로 깊이 다룬 자크 데리다는 《환대에 대하여》에서 '친함이 없는 우애', '공동체 없는 공동체'를 주장했다. 인류의 생존을 위해 조건이나 대가를 따지지 않는 '무조건적인 환대'의 중요성을 강조한 것이다. 누군가 고통을 당하여 아파한다면, 그가 나와 특별히 친한 사이가 아니더라도, 그가 나의 공동체 울타리 밖에 있는 타인이라 하더라도, 그가 내 문턱을 넘어 들어와 도움을 요청할 때 무조건적으로 환대해야 한다고 말한다. 더 나아가 우리는 나의 문턱을 넘어 고통을 받는 사람들을 적극적으로 찾아가야 하지 않을까. 그것이 우리가 함께, 대대로 영원히 사는 구원의 길이지 않을까?

# 60

# 차등 없는 사랑으로
# 서로를 이롭게 하라

"남을 사랑하는 사람은
반드시 남에게 사랑을 받고,
남을 이롭게 하는 사람은
반드시 남에게서 이로움을 얻는다."
–묵자

평화를 깨는 것은 꼭 전쟁만은 아니다. 지진 같은 자연재해도 삶의 평화를 송두리째 앗아가곤 한다. 무너진 건물 더미에 얼마나 많은 이들이 매몰되었을지 가늠조차 안 되는 대지진이 일어난 현장의 참상이 이를 잘 말해 준다.

파괴된 평화를 다시 일으켜 세우기 위해서 필요한 것은 무엇일까? 묵자라면 '겸애(兼愛)'와 '교리(交利)'가 필요하다고 답했을 것이다. 그는 '반전평화주의자'라는 평가를 받는 인물로, 두루 동등하게 사랑한다는 뜻의 겸애와 서로 이로움을 주고받는다는 뜻의 교리를 공동체 평화 유지의 주춧돌로 꼽았다.

두루 동등하게 사랑한다고 함은 피붙이와 피붙이가 아닌 이들을 똑같은 정도로 사랑함을 가리킨다. 부모나 자식이라고 하여 다른 이들보다 더 사랑해서는 안 된다는 것이다. 그래서 맹자는 묵자의 겸애는 사람을 짐승으로 만드는 패륜이라며 신랄하게 비판했다. 그는 인간이 자기 피붙이를 더 사랑함은 너무나 자연스러운 현상이자 윤리적으로 정당하다고 여겼기 때문이다. 반면에 묵자는 사랑에 차등을 두었기 때문에 갖은 폐단이 발생하게 된다고 보았다.

묵자가 차등 없는 사랑을 주장한 까닭은 그래야만 진정으로 서로가 서로에게 도움이 된다는 믿음 때문이었다. 그래서 서로 차등 없이 사랑을 하면 서로가 이롭게 된다. 마찬가지로 서로를 이롭게 하면 서로 차등 없이 사랑하는 것이 된다. 묵자가 겸애와 교리를 짝지어 강조했던 이유다. 그러니까 사랑은 특정 대상을 특별하게 여기는 감정이 아니라, 대상이 누구이든 간에 그를 실질적으로 이롭게 하는 행위라는 것이다. 묵자가 말하는 사랑은 정신적 사랑이나 마음으로 하는 사랑, 육체적 사랑 등이 아니었다.

그래서 묵자는 공동체 구성원은 늘 나보다 나은 이를 본받아야 한다고 요구했다. 남을 이롭게 하고 싶어도 자신에게 그럴 만한 역량이 없다면 실제로는 그에게 아무런 도움이 되지 못한다. 누구나 남에게 도움이 될 수 있는 역량을 갖추어야 비로소 차등 없는 사랑이 상대를 이롭게 하는 일이 될 수 있다. 하여 "힘 있는 자는 열심히 다른 이를 돕고, 재물이 있는 자는 힘써 다른 이에게 나누어 주며, 도를 깨우친 사람은 부지런히 다른 이를 가르쳐야"《묵자》 했다. 그렇게 남에게 실제적 도움이 되는 힘, 돈, 앎을 모두가 지녀야 한다고 주문했다.

사실 부모자식과 다른 이들을 차등 없이 사랑한다는 것은 현실성이 낮은 주장이다. 그럼에도 묵자가 그러한 사랑을 표방한 것은 감정을 기반으로 하는 사랑이 아니라 실질적 이로움을 기반으로 하는 사랑이라면 오히려 실현 가능성이 높지 않겠냐는 판단 때문이었다. 사람은 누구나 이로움을 좋아하는 본성을 타고나는지라 이에 근거하여 서로를 이롭게 하는 사랑을 한다면 혈연에 기초한 사랑을 너끈히 넘어설 수 있다고 본 것이다.

이러한 점에서 묵자의 겸애는 맹자의 측은해 하는 마음보다 한층 실현 가능성이 높은 사랑이다. 맹자는 아이가 우물에 빠질 것 같으면 무조건 구하고자 하는 마음이 인다면서 이렇게 아이를 측은해 하는 마음, 곧 측은지심을 확장하다 보면 피붙이가 아닌 이들도 사랑하는 어짊을 실천할 수 있다고 했다. 이는 일종의 아가페와 같은 조건 없는 사랑이다. 다만 이러한 사랑을 일상적으로 실현하려면 도덕적 수양이 필요하다.

반면에 묵자의 겸애는 조건이 딸린 사랑이다. 차등 없는 사랑이었지 조건 없는 사랑은 아니었다. 묵자가 내건 조건은 서로를 이롭게 해야 한다는 것이었다. 그런데 이로움을 추구함은 인간의 보편적 본성인지라 이는 별도의 수양 없이도 충분히 실천할 수 있다. 또한 피붙이가 아니라고 하여 사랑을 안 할 이유도 없다. 서로에게 이익이 되는데 굳이 혈연을 따질 필요는 없기 때문이다.

일상의 평화는 이러한 서로를 이롭게 함과 차등을 두지 않고 사랑함을 자양분 삼아 구현된다. 그래서 서로를 이롭게 하는 차등 없는 사랑은 무너진 평화를 다시 일으켜 세우는 데 터전이 된다. 우리가 재난에 처한 이들을 돕는 것이 그저 동정의 발로만이 아닌 까닭이다.

# 돌봄

서로에게 기댈 수 있는 곁을
내어 주는가?

# 가장 낮은 곳으로
# 마음이 흐르게 하라

"약자를 돌보는 것은 인간의 도리다."

–신약성서

기원전 31년 옥타비아누스는 악티움 해전에서 안토니우스와 클레오파트라의 연합군을 무찔렀다. 이로써 로마의 내전은 끝나고 옥타비아누스는 '존엄한 자, 아우구스투스'라는 이름으로 실질적인 황제로 등극한다. 로마는 그의 지배 아래 지중해 세계를 제패하는 제국이 되었다. 그리고 《신약성서》의 〈누가복음〉에 따르면, 그로부터 약 30년 뒤에 아우구스투스는 로마제국의 인구조사를 명했다고 한다. 당시 로마제국 치하의 이스라엘에 살던 요셉과 마리아는 인구조사를 위해 베들레헴으로 갔다. 출산이 임박했던 마리아는 마구간에서 예수를 낳았다.

그로부터 약 30년 뒤, 로마의 두 번째 황제인 티베리우스가 로마를 다스릴 때, 예수는 새로운 왕국을 선포했다. 로마제국 치하에서 새로운 왕국의 선포는 위험한 역모였다. 그러나 그가 선포한 왕국은 로마에 직접적 위협이 되지는 않았다. 그의 왕국은 지상에 있지 않은 하늘의 왕국이었기 때문이다. 로마제국의 압박에 시달리고, 세속 권력에서 소외되고 배제된 사람들, 가난하고 병들어도 제대로 돌봄을 받지 못하며 고통을 겪는 사람들은 그 왕국에 희망을 걸기 시작했다. 이 땅에서의 고단한 삶을 그 왕국에서 보상받고 싶었다. "그 왕국에 가려면 어떻게 해야 합니까?" 많은 사람이 그를 찾아와 물었다. 그들에게 예수는 하늘 왕국의 시민이 되는 조건을 제시했다.

**"마음이 가난한 사람, 의를 위해 박해를 받는 사람은 복이**

**있습니다. 천국은 바로 그런 사람들의 것입니다."**

그곳에서는 애통하는 사람이 위로받고, 온유한 사람이 땅을 얻고, 의에 주리고 목마른 사람은 배부를 것이라고 약속했다. 가장 획기적인 것은 천국의 시민이 되면 영원한 삶을 보장받는다는 것이었다. 엄청난 복이었다. 로마제국이 아무리 화려하고 웅장해도, 로마 시민권이 온갖 혜택과 권리를 인정해 준다고 해도, 그리고 로마에서 누리는 부와 권세, 영광이 아무리 대단해도, 그것은 모두 죽음과 함께 허무한 것이 되고 만다. 그런데 영원한 생명을 누리는 복이라니! 게다가 시민이 되는 조건이 그리 어려워 보이지도 않았다. 로마제국에서 잘 살려면 돈과 권력이 필요하고, 그것을 얻기 위해서는 다른 사람들과의 경쟁에서 이길 수 있는 다양한 실력과 운, 술책과 계략이 필요한데, 영생을 누리는 천국의 시민이 되기 위해서는 선하기만 하면 되는 것이다.

한 부유한 청년이 예수를 찾아왔다. "제가 어떤 선한 일을 해야 영생을 얻을 수 있을까요?" 예수는 그에게 계명을 지키라고 했다. 청년이 그런 것은 다 지키고 있다고 말하니, 예수가 이렇게 덧붙였다. "그렇다면 집으로 돌아가서 지금 당신이 소유한 모든 재산을 팔아서 가난한 사람들에게 나눠 주십시오. 그러면 천국의 보화가 당신 것이 됩니다. 그리고 나를 따르십시오." 청년은 잠시 고민했다. 자신의 막대한 부를 모두 사회적 약자들을 돌보는 데 쓰고, 예수를 따라다니면서 병들고 고통받는 자들을 돌보는 고된 삶을 살아야 할 까닭에 대해 확신이 서지 않았다. 결국 그 청년은 천국의 시민이 되어 누릴 영생을 포기하고, 지상의 안락한 현실에 자족하기로 결심하고 돌아갔다.

예수는 최후 심판의 날도 그려 주었다. 천국의 왕은 그곳 시민이 된 사람들에게 말했다. "그대들은 내가 주릴 때 먹을 것을 주었고, 목마를 때 마실 것을 주었으며, 나그네로 떠돌 때, 헐벗고 병들고 옥에 갇혔을 때, 나를 정성껏 돌보아 주었다." 그 말을 들은 사람들은 의아했다. "저희가 언제 당신을 만났고, 그렇게 돌보았단 말인가요?" 그러자 왕은 이렇게 대답했다.

**"그대들이 지상에서 가장 약한 한 사람을 돌본 것이 곧 나를 돌본 것이다. 반대로 지상에서 가장 약한 한 사람을 외면하고 무시한 것은 바로 나를 돌보지 않은 것과 같다."**

예수가 우리에게 말하는 것은 우리 곁에 고통받는 사람들을 내몸 돌보듯 돌보는 것이 인간의 도리며, 그런 돌봄과 배려가 사회적 제도로 구현되어 약자들이 안심하고 살아갈 수 있는 나라가 제대로 된 나라라는 것이다. 우리가 그런 나라를 만든다면, 예수가 말한 천국, 영원히 살고 싶은 복된 나라가 이 땅에 임한 것이라고 말할 수 있지 않을까?

# 62

# 서로의 현실을 챙기고 보살펴라

"백성을 넉넉하게 하지 않고서,
백성이 임금을 사랑하게 하는 것은 불가능하다."
–순자

'환과고독'이라는 성어가 있다. 환(鰥)은 아내를 잃은 늙은 남자를, 과(寡)는 남편을 잃은 늙은 여자를, 고(孤)는 부모를 잃은 어린아이를, 독(獨)은 자녀가 없는 노인을 각각 가리킨다. 여기서 퀴즈 하나! 이를 오늘날의 표현으로 바꾸면 무엇에 해당할까?

답은 '사회적 취약계층'이다. 이 넷을 한데 묶어 사회적 취약계층을 가리키는 표현으로 사용한 이는 맹자가 처음인 듯하다. 그는 옛적 성왕의 한 사람인 문왕의 어진 정치를 설명하는 대목에서 문왕은 반드시 이 네 부류의 사람들을 먼저 챙겼다고 증언했다. 이에 대해 훗날 성리학을 집대성한 주희는 이 네 부류의 사람은 불행히도 그러한 처지에 처하게 된 이들인 만큼 더욱더 배려하고 구휼하여 추위에 시달리거나 굶주리는 일이 없게 해야 한다고 덧붙였다.

자칫하면 이들은 무시되기 십상이고, 사회적 을 중의 을로 전락하여 갖은 피해를 입을 가능성이 컸다. 그래서 맹자의 후배 순자는 "국가의 법령과 제도가 백성들을 위함에 불합리한 점이 털끝만큼이라도 있다면 환과고독 같은 힘없는 사람들일지라도 절대로 강요해서는 안 된다"(《순자》)라고 분명히 말했다. 그는 국가란 자고로 백성들이 맡은 일들을 가볍게 하고 적절하게 조정하며, 널리 모든 사람들을 아울러 보살펴 주고 갓난아이를 보육하듯 백성들을 양육해 주어야 하는 존재라고 규정했다.

국가가 그렇게 해야 하는 이유는 명백했다. 순자는 국가가 그렇게 하면 백성들의 생활은 여유 있게 되고, 백성들을 부리는 데도 도리를 다하게 되며, 법령과 제도가 천하 사람들에 합당하게 적용되어 환과고독들에게 털끝만큼이라도 불합리한 것이 절대로 강요되지 않기 때문이라고 했다. 맹자나 순자 모두 사회적 취약계층을 돌보는 책임이 국가에 있다고 본 것이다. 국가는 법령과 제도로 이를 구현해야 하되, 그것으로 만족하면 안 되고 항상 우선적으로 그들을 보살피고 양육해야 한다고 단언했다.

지난 2023년, 미국의 한 교수가 우리나라의 2022년 합계 출산율이 0.78명이라는 얘기에 "한국 완전 망했네요!"라며 머리를 부여잡는 모습으로 화제가 된 적이 있었다. 이후 그 교수가 방한했을 시 당시의 발언이 과했다며 양해를 구했다. 하지만 육아 등 돌봄 문제가 지금처럼 지속된다면, 그러니까 국가 등 공적 영역에서 상당 부분 담당해야 하는 돌봄을 가정에, 그중에서도 여성에게 집중적으로 전가한다면 한국에서의 저출생 문제는 결코 해결되지 않을 것이라고 경고했다.

맞다. 사회적 취약계층을 비롯한 영유아와 청소년, 노년 등에 대한 돌봄 일반은 국가로 대변되는 공적 영역에서 담당해야 함은 이미 맹자의 시대, 그러니까 2400여 년 전부터 좋은 정치의 표본으로 운위되어 올 정도로 당연했다. 그렇다고 가정은 돌봄으로부터 자유로워도 된다는 얘기가 아니었다. 맹자는 환과고독 같은 사회적 취약계층은 국가가 정치로써 돌봄을 해결해야 하지만, 그렇지 않은 일반의 경우는 가정에서 돌봄 문제를 해결해야 한다고 보았다.

다만 그렇게 할 수 있도록 국가는 백성들에게 '항산(恒産)', 곧 일정한 수입을 보장해줘야 한다고 요구했다. 맹자는 50세를 넘긴 노인이 비단옷을 입을 정도로, 70세를 넘긴 노인이 고기를 먹을 수 있을 정도의 일정한 수입을 보장해줘야 한다고 주문했다. 이를 두고 사치스럽다고 한다면 이는 틀림없는 오판이다. 50세를 넘으면 비단같이 촘촘하게 짜인 옷감으로 만든 옷이 아니면 추위를 피할 수가 없고, 70세를 넘기면 고기가 아니면 배고픔을 막을 수 없기에 그렇게 해야 한다고 했기 때문이다. 노인이 춥고 배고프지 않도록 제대로 돌보자는 취지였던 것이다.

결국 돌봄은 국가의 법령이나 제도만으로는 해결되는 것이 아니다. 그것은 국가의 당연한 기본인 것이고, 그에 더하여 맹자의 통찰처럼 일정한 수입의 보장, 곧 지속 가능한 생업의 보장이 동시에 필요한 것이다. 돌봄은 먹고사는 문제의 해결과 함께 가야 하는 것이라는 얘기다.

# 인간다움

---

## AI 시대에 무엇을 배울 것인가?

# 63

# 사유는 도구와 함께 확장된다

**"문자의 발명은
인간의 기억력을 약하게 만들 것이다."**

–플라톤

기원전 9세기 말, 그리스에는 알파벳이 쓰이기 시작했다. 기억에 의존해 모든 정보와 지식을 생산하고 보전하며 소비하던 상황에서 글자의 등장은 획기적이었다. '둔필승총(鈍筆勝聰)', 아무리 둔한 악필이라도 써두기만 하면 총명한 기억력보다 훨씬 더 힘이 있다는 뜻이다. 사람들은 복잡하고 어려운 정보나 지식을 기억하려고 애쓰지 않아도 되었다. 필요한 지식을 기억을 더듬어 찾아내는 것보다 문자로 기록해 둔 서판을 찾는 것이 더 확실하고 편리했다. 그런데 기억 보조장치로서 글자에 대한 고대 그리스인들의 반응은 처음엔 그리 탐탁지 않았던 것 같다.

플라톤은 《파이드로스》에서 이집트의 신 이비스, 자칭 테우트 신이 글자를 발견한 후, 타무스 왕과 나눈 신화적 대화를 전해 준다. 테우트가 말했다. "왕이여, 이 글자를 배우면 이집트 사람들은 더 지혜롭고 더 잘 기억하게 될 것입니다. 글자는 기억의 약이며 지혜의 약입니다." 그러나 타무스 왕은 반색보단 우려를 표했다. "하지만 사람들이 글자를 배우면 기억하려는 노력을 게을리할 테니, 글자는 사람들의 영혼에 망각을 제공할 것입니다."

플라톤은 소크라테스의 입을 통해 타무스 왕의 비판적인 태도를 발전시켰다. 문자란 사물을 그대로 보여 주는 것이 아니라, 화가의 그림보다도 더 희미한 이미지만을 모방하기 때문에 진실을 흐리고 혼란을 일으킨다는 것이다. 또한 기억에서 기억으로 지식과 정보, 지혜가 전달되는 과정에서는 사람과 사람이 만나 서로 묻고 답할 수 있고, 대화를 통해 여러 가지 오해와 의문을 해소해 나갈 수 있는 반면, 문자로 고정된 기록을 읽으면 이런 생생한 교육의 효과가 나타나지 않는다고 덧붙였다.

《파이드로스》에 등장하는 소크라테스는 실제로 단 한 권의 책도 남기지 않았다. 그는 아고라에 나가 사람들을 만나 대화를 나누며 진리와 지혜를 추구하는 '구술' 철학자의 행보를 평생 이어나갔다. 반면 그의 제자 플라톤은 그런 소크라테스를 주인공으로 삼아 여러 사람과 대화를 나누는 구술의 현장을 열심히 기록하고 재구성하며 창작해 수많은 책을 남긴 '문자'의 철학자였다. 그런 점에서 본다면, 소크라테스의 말을 가장 잘 듣지 않은 '불량한' 제자가 플라톤인 셈이다. 역설적이게도 플라톤은 그 문자기록 덕분에 지금까지도 철학의 대부로 통하고, 소크라테스 역시 자신의 비판과 가르침을 거스른 플라톤 덕분에 지금까지 사람들 사이에서 회자되며 기억되고 있다.

예수회 신부로서 영문학자였던 월터 J.옹은《구술문화와 문자문화》라는 책에서 인간이 지식과 정보를 생산하고 소비하는 단계를 세 가지로 구분했다. 그는 기억에 의존한 구술문화를 출발점으로 삼았고, 문자문화는 인간이 기억하기 위해 소비했던 뇌의 에너지를 정보의 분석과 지식의 창출에 쏟아부을 수 있는 기회를 제공함으로써 인류 지성사에 새로운 도약의 발판을 제공했다고 평가했다. 그리고 지금, 우리는 정보와 지식의 기록과 검색의 종합 한계를 극복할 수 있는 기술을 확보한 새로운 시대에 진입해 있다고 선언했다. 바로 디지털 시대다.

월터 J.옹의 책은 디지털 시대의 의미와 가치를 역사의 흐름 속에서 진단하며 그 희망과 위험의 여러 가능성을 예견하는 내용으로 채워져 있다. 그의 통찰은 최근 세간의 관심을 집중시킨 생성형 AI의 등장과 직접 연결된다. 그리고 플라톤이 제기했던 문자문화에 대한 우려와 비판, 그럼에도 불구하고 그가 입은 문자문화의 혜택 역시 지금 소환될 필요가 있다.

놀라운 혁신을 거듭하는 인공지능의 기술은 인간의 지적활동에 어떤 영향을 줄 것인가. 그동안 지식과 정보의 기억과 분석에 집중되었던 우리 뇌의 역량을 디지털의 혁신은 어느 쪽으로 향하게 할 것인가. 우리가 그것들을 적극 활용하면서 무엇을 해낼 수 있는지를 우리의 새로운 역량을 상상하며 혁신의 방향을 찾고, 무엇을 해야만 하고 하지 말아야 하는지, 그 윤리적 지향성을 통찰하고 준비해야 할 때다.

# 64

# 범에게는 발톱이 있고, 인간에게는 도구가 있다

"하늘은 짐승에게 재주와 힘을 주었으나,
사람에게는 기예를 주어
스스로 살아 나갈 수 있게 했다."

-정약용

좋은 것이다 싶으면 자국에서 기원했다고 주장하는 중국임을 감안하면 드론의 최초 발명자도 중국인이었다고 주장할지 모른다. 《묵자》라는 오래된 고전에 3일간이나 하늘에 떠 있었다는 인공 까치 얘기가 전해지기 때문이다.

그것은 2400여 년 전쯤 공수반 또는 노반이라 불리는 당대 최고의 장인이 나무로 만든 까치였다. 그러한 인공물이 사흘간이나 하늘을 날아다녔다고 하니 오늘날로 치면 영락없는 자율주행 드론과 다를 바 없다. 그런데 이러한 기술에 대해 비판적 시선이 적지 않았다. 이를테면 이런 식이었다.

옛날 송나라에 빼어난 조각 기술을 지닌 장인이 있었다. 그는 군주를 위해 3년에 걸쳐 벽옥으로 닥나무 잎 하나를 조각했다. 실물과 똑같은 모양인데다가 생기도 머금고 있어 실제 잎들과 섞어놓으면 분간이 안 될 정도였다. 군주가 엄청 감동하여 장인을 크게 우대했다. 그런데 이 소식을 들은 한 학자가 말했다. "식물에게 3년 만에 잎 하나씩 달리게 하면 잎 달린 나무는 매우 적게 될 것이다." 《열자》와 《한비자》라는 고전에 실려 있는 이야기다. 아무리 뛰어난 기술일지라도 실질적 쓰임으로 이어지지 않으면 무슨 소용이 있겠냐는 지적이다.

이는 고스란히 하늘을 사흘간이나 날아다닌다고 하여 무슨 쓸모가 있냐는 문제제기로 이어진다. 기술은 모름지기 실질적 쓸모로 이어져야 한다는 관념으로, 이를 뒤집으면 쓸모 있는 기술은 배척할 이유가 없게 된다. 정약용은 《기예론》에서 이렇게 말했다.

**"하늘이 동물에게 발톱과 뿔을 주고 단단한 발굽과 날카로운 이, 독을 주어서 동물들로 각기 욕구를 채우게 하고 해악을 막을 수 있게 하였다. 반면 사람은 털이나 껍질이 없어 연약하고 부서지기 쉬워 삶을 도모해 갈 수 없을 성싶다. 어찌 하늘은 천하게 여기는 것에는 후하게 베풀고 귀하게 여기는 바에는 박하게 하였을까? 이는 사람이 슬기로운 헤아림과 정교한 사유를 지니게 함으로써 기예를 익혀 스스로 삶을 도모해 갈 수 있게 했기 때문이다."**

기술은 하늘이 인간이란 존재를 만들었을 때 함께 부여한 인간의 생존 수단이었다는 통찰이다. 호랑이에게서 발톱과 이빨 등을 빼면 더는 호랑이가 아니게 되는 것처럼 인간에게도 기술을 빼면 더는 인간이 아니게 된다는 뜻이다. 기술은 인간을 인간으로 살수 있게 하는 핵심이었다는 것이다. 그러니까 원시시대든 디지털 대전환이 진행 중인 지금이든 간에 '인간'이라고 쓰고 '인간+기술'로 읽어야 했다.

생성형 인공지능의 등장으로 전 세계가 적잖이 들썩였다. 기술적 높이에 감탄하는 소리와 한계를 지적하는 소리가 꼬리를 물었다. 근자에 들어 생성형 인공지능을 시장에 내놓은 유수의 기업 총수들이 인간을 넘어서는 초지능인공지능(ASI, Artificial Super Intelligence), 인간의 역량을 두루 갖춘 범용인공지능(AGI, Artificial General Intelligence)의 출현이 멀지 않았다고 공개적으로 선언하고 나서고 있다. 인공지능의 인간 대체 가능성, 인간에게 고유하다고 여겨져 온 감성과 지성, 도덕성, 상상 등의 구현 가능성을 놓고 더욱 들썩일 듯싶다. 그런데 설령 인공지능이 인간을 대체하거나 넘어설 수 있다는 진단이 나온다고 해도 인공지능은 어디까지나 도구로서 구현된 기술이다.

인공지능이 아무리 진보되어도 그것은 인간의 사용을 기다리는 기술일 뿐이라는 얘기다. 인류 역사에서 기술은 항상 무언가를 위해서 존재했다. 그렇듯이 인공지능도 자신을 위해 존재하거나 스스로 작동하지 않는다. 아무리 진보된 인공지능 인력을 대체하기도 하고 인간을 인공지능보다 못한 존재로 전락시킨다고 해도, 인공지능이 기술이라는 본질은 결코 바뀌지 않는다. 지금까지 기술이 인간다운 삶을 빚어낼 수 있게끔 한 것처럼, 인공지능 또한 인간의 진보를 추동할 수 있는 기술의 하나일 따름이다.

관건은 '나'가 인공지능이라는 기술을 인간다운 삶의 구현을 위해 활용할 수 있는 역량으로 어떻게 구비할 것인가로 치환된다. 인공지능의 진보는 멈추지 않을 것이므로 그것을 사용하는 나의 역량도 지속적으로 키워갈 수밖에 없다. 생성형 인공지능이 인간을 대체할 것인가를 따져 보는 것도 의미 있지만, 이렇듯 평생 학습을 하며 살아가야 하는 시대가 활짝 열렸음에도 주목할 필요가 있다.

# 원칙

---

원칙은 삶을 버티게 하는
내면의 질서가 되어 주는가?

# 65

# 때로는 생존보다
# 원칙이 먼저다

"법을 어기며 사느니 차라리 죽는 게 낫다."
–소크라테스

소크라테스는 사형 선고를 받고 투옥되었다. 친구 크리톤은 탈옥을 제안했다. 그러자 소크라테스는 단호하게 거절했다.

**"한 나라에서 법정의 판결들이 개인들에 의해 무력하게 되고, 효력을 상실하고 파기된다면, 이 나라가 전복되지 않고 계속 존립할 수 있겠는가?"**

플라톤의《크리톤》에서 언급되는 대사다. 소크라테스는 기존의 관습과 상식을 문제 삼았다. 왜 그래야 하는지, 무엇을 해야 옳고, 좋고, 아름다운 삶인지 깊이 물었다. 섣부른 판단을 경계하며, 다수의 판단과 전통의 권위에 굴복하지 않고, 보편타당한 삶과 행동의 원리를 찾으려 했다. 그것이 죄란 말인가? 어쩌면 그는 몹시 억울했을지도 모른다.

일생에 걸친 그의 문제제기는 당대의 엘리트는 물론 일반 대중까지도 불편하게 만들었다. 그들이 맹신하던 것들을 깊숙이 파고들어 근본부터 건드렸기 때문이다. 급기야 그는 고발당했고 법정에 서야만 했다. '소크라테스는 아테네가 경배하는 신들을 부정하여 기존 가치 체계를 송두리째 흔들면서 청년들을 타락시킨다'라는 것이 죄목이었다. 그는 변론했다. "숙고하지 않는 삶은 살 가치가 없소. 나는 단지 인간이 덕을 실천하며 살아갈 길을 탐구했을 뿐이오." 그는 진지하게 변명했지만, 아테네 시민들을 설득하지 못했고, 결국 사형 선고를 받았다(플라톤의《소크라테스의 변명》).

크리톤은 가만히 있을 수가 없었다.

"자네를 이렇게 보낼 수는 없네. 모든 것이 부당하네. 여기서 빨리 나가세. 내가 모든 조처를 하였네." 크리톤은 간수를 매수하고 망명을 준비해 놓았다. 그는 그것이 불의에 저항하는 정의로운 행동이며 친구의 도리라고 생각했다. 고발과 재판은 부당했고, 판정관들은 어리석었으며, 결과는 합리적이지도 상식적이지도 않다고 굳게 믿었다. 그러나 소크라테스는 크리톤의 제안을 딱 잘랐다. "이보게 친구. 법률과 국가 공동체가 여기서 탈출하려는 우리에게 다가와 앞에 서서 말한다고 가정해 보세." 소크라테스는 사형 선고 후, 집행이 유예된 한 달 가까이 깊은 숙고에 들어갔고, 법을 하나의 인격체로 두고 진지한 대화를 진행했던 모양이다. 법은 국가의 모든 소속원이 꼭 지키겠다는 약속에 힘입어 정치적 권력을 얻었다. 공동체의 모든 구성원은 어떤 한 사람에게 권력을 맡기는 것보다는 그들이 합의한 법률을 기준으로 법률의 지배를 받으며 살아가는 것이 더 안전하다고 생각했던 것이다.

그러나 세상 어디에 완벽한 법이 있겠는가? 여러 사람의 다양한 욕망을 조율하다 보면 법은 복잡 미묘해지고, 인간이 만드는 까닭에 어딘가 허점이 있게 마련이다. 모든 사람을 만족시킬 수 있는 법은 없을 것이다. 어떤 사람은 억울하게 원하지 않는 제약과 형벌을 받기도 하고, 또 어떤 사람은 자신의 양심과 상식에 따라 행동했는데도 뜻하지 않게 법률에 저촉될 수도 있다. 법을 자세하게 모를 수도 있고, 어떤 상식과는 충돌할 수도 있기 때문이

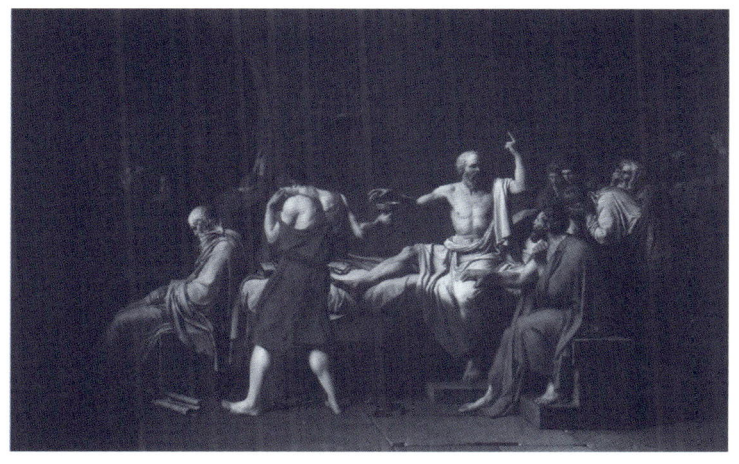

한 시대를 증언하는 것은
생존이 아니라,
끝까지 지키려 했던 원칙이다.

다. 그런데 그렇다고 해서 법을 무시하고 법의 판결에 불복한다면, 법은 도대체 무슨 소용이 있겠는가? 법은 공적인 힘을 잃을 것이다. 법을 기반으로 약속한 공동체의 구성은 흔들리고 균열을 일으키며, 마침내 허물어지고 말 것이다. 법 위에 서서, 법을 제멋대로 적용하고 입맛대로 개정할 수 있는 강한 자가 자기 욕망에 따라 독선적으로 판단하고 행동할 것이고, 그에 저항하는 국민에게 폭력을 가하면서 자기 권력을 다져 나가는 독재 정치가 자행될 것이다.

더욱이 불법을 자행하고서 그 엄연한 사실을 부정하고, 교묘한 궤변으로 핵심 논점을 흐리면서 사안을 왜곡하며, 법의 빈틈을 교묘히 이용하여 처벌을 면하려고 한다면, 더욱더 심각하게 법치주의의 근간이 흔들릴 것이다. 공동체는 분열되고, 양극으로 갈라져 피 터지게 치고받는 싸움을 벌이고 말 것이다. 내부의 분열은 곧 외부의 표적이 될 것이다. 우방이라면 그 공동체의 안정을 회복한다는 명목으로 일종의 신탁통치를 노릴 것이며, 적국이라면 그 공동체의 혼란을 틈타 정복의 야욕을 드러낼 것이다. 이러나저러나 법과 판결을 무시하는 공동체는 처참하게 망할 것이다. 사리사욕에 휘둘리지 않고 법치주의를 회복할 것인가, 아니면 법을 무시하고 망하는 길로 갈 것인가, 그 옛날 소크라테스는 지금 우리에게 묻고 있다.

그렇다고 '악법도 법'일까? 흔히 이 말을 소크라테스가 했다고 알려져 있다. 그러나 그것은 오해다. 소크라테스는 법의 권위를 인정했다. 불완전할 수도 있고 억울할 때도 있겠지만, 그래도 법의 명령을 존중하면서 사는 것이 더 옳고 더 이로운 일이라고 생각했다. 그러나 악법을 존중해야 할 하나의 법으로 인정한 것은 아니다. 실제로 그는 재판정에서 '법이 나에게 부당한 명령을 내린다면, 나는 그 법을 지키지 않을 것이다'라는 식으로 말했다. 악법은 폐지되어야 하고, 그것이 인간의 보편적 양심에 어긋난다면 저항에 부딪혀 마땅하다는 것이 소크라테스의 생각이다. 법의 권위를 인정하며 준법정신에 투철해야 공동체가 건강하다고 인정하면서도, 공동체 전체를 망가뜨릴 수 있는 악법은 받아들이지 않은 셈이다. 일견 모순과 역설처럼 보이는 소크라테스의 사회적 균형감각은 심각한 고민을 하게 만든다. 비겁한 생존보다 원칙을 지키는 용기가 필요하다. 그리고 잘못된 원칙을 고치기 위해 생존을 걸 용기도 필요하다.

# 66

# 사사로운 감정에
# 휘둘리지 말라

**"국법의 최대 적은 군주다."**

– 한비자·여씨춘추

진시황의 조국 진나라는 그야말로 '법조문대로'의 나라였다. 법조문이 촘촘하게 구비되어 있었고 법 집행은 무척 엄격했다. 진나라가 망하자 혹독한 법 집행이 멸망의 첫번째 원인이라고 분석하는 이들이 속출했을 정도였다. 그런데 실상은 꼭 그러했던 것만은 아니다. 법가사상을 집대성한 한비자의 증언이다.

**"상앙이 열 차례나 법을 보수했건만 신하들은 이를 오히려 사사로움을 실현하는 밑천으로 이용하였다. 강한 진나라라는 바탕을 지니고 있었음에도 수십 년이 지나도록 황제가 되지 못한 것은 군주가 법으로 관리들을 꾸준하게 다스리지 못해서이다."**

군주가 관리들을 법으로 제대로 다스리지 못한 결과, 진나라는 중원을 통일하여 황제의 나라가 될 힘이 충분했음에도 적잖은 세월 동안 그리하지 못했다는 것이다. 그렇다면 법의 서슬이 시퍼렇다는 진나라에서 군주는 왜 법으로 신하들을 통제하지 못했고, 신하들은 또 어떻게 법을 이용하여 자신들의 사적 이익을 도모할 수 있었을까? 이와 관련하여 복돈이라는 묵가 공동체의 지도자 이야기를 살펴볼 필요가 있다. 《여씨춘추》라는 고전에 실려 있는 이야기다.

묵가 공동체는 공동체의 법을 무엇보다도 먼저 준수하는 평민들의 공동체였다. 그들은 공격용 전쟁에는 반대했지만, 공동체를 지키기 위한 전쟁에는 최선을 다했다. 방어 성공 여부에 공동체의 운명이 달려 있다 보니 묵가 공동체는 강력한 전투력을 갖추고자 노력했고, 그 결과 중원 최고의 전투 집단이 되었다. 복돈이 이끄는 묵가 공동체도 마찬가지였다. 다만 이들은 수비용 전쟁만을 고집하지 않았고, 자신들의 강한 전투력을 공격용 전쟁에도 활용하고자 했다. 그 결과 중원 통일에 적극적으로 나섰던 진나라로 들어가 자신들의 전투 능력을 바탕으로 많은 공을 세웠다. 진나라 군주로서는 복덩이도 이런 복덩이가 없었던 차였다.

그러던 어느 날 사건이 발생했다. 복돈의 아들이 살인죄를 범했던 것이다. 묵가 공동체의 법에 의하면 누구든지 사람을 죽이면 사형에 처해야 했다. 이에 따라 복돈은 아들에게 사형을 선고했다. 이 소식을 접한 진나라 군주 혜왕은 복돈에게 그동안 세운 공이 많으니 아들을 사면해 주겠다고 했다. 진나라 국법에 의하면 살인죄는 사형에 처해야 했지만, 나라에 큰 공을 세운 만큼 군주의 이름으로 이를 용서하겠다는 뜻이었다. 그러나 복돈은 혜왕의 말에 아랑곳하지 않고 묵가 공동체의 법을 내세워 아들의 사형을 집행했다.

혜왕으로서는 무척 불쾌한 일일 수밖에 없었다. 자기 공동체의 법을 우선했다는 것도 불편했지만, 무엇보다도 군주인 자신의 말을 듣지 않았다는 것이 더욱 괘씸했다. 그러나 이는 어디까지나 군주의 오만에 불과했다. 복돈이 거절한 것은 진나라의 국법이 아니라 군주의 말이었다. 게다가 복돈은 "타인 살상을 금함은 천하의 대의"라는 공리를 앞세우며 공동체의 법을 집행했다. 겉으로는 묵가 공동체의 법을 앞세웠지만 실제로는 천하의 공리와 그에 기초한 국법을 따랐던 것이다.

문제는 군주였다. 천하의 공리도, 나라의 법도, 공동체의 법도 모두 살인자는 사형에 처한다고 되어 있음에도 혜왕은 자신의 뜻을 그것들보다 앞세우고자 했다. 혜왕이 평소에 군주 또한 법 아래에, 법 안에 존재한다고 여겼다면 쉬이 취할 수 없는 행동이었다. 복돈이 자신의 행위가 천하의 공리에 입각한 것임을 천명했음에도 언짢아했으니 혜왕은 천하의 공리마저 자기 뜻대로 무시할 수 있다고 여겼던 것이다.

이는 자신이 곧 국가라고 여기는 군주들에게 공통적으로 목도되는 근거 없는 착각이다. 이러한 착각은 심한 경우 혜왕처럼 자신이 곧 천하라고까지 여기게 한다. 복돈의 행위는 이러한 군주의 오만에 맞서 천하의 공리를 환기하고 그에 기초하고 있던 국법을 지켜 낸 것이었다. 2000년도 더 된 저 옛날에 이미 사람들은 공리에 기초한 국법은 누구라도 절대로 어길 수 없음을 분명하게 알고 있었다.

# 자기 주도적 삶

운명의 주인이 될 것인가,
도구가 될 것인가?

# 67

# 운명의 주도권을 잡을 때 위기는 기회가 된다

"자율적인 태도가 위기 극복의 힘이다."

–아이스퀼로스

2020년 초, 전 세계를 휩쓴 코로나19 감염에 대응하는 방역이 인류의 생존이 걸린 전쟁처럼 보였던 때를 생각해 보자. 이른바 '사회적 거리 두기' 규제는 쉽게 완화되지 않았고, 일부 국가는 봉쇄령이라는 극단 조치까지 취했다. 이에 따라 사람들은 자유를 구속당하고, 심지어 생계에 위협까지 느꼈다. 저항이 없을 수 없었다. 겨울마다 감기에 걸리듯 계절에 따라 각종 질병에 시달리는 게 우리의 일상인데, 코로나19의 위험성을 과장하면서 방역을 이유로 규제가 너무 지나친 것 아니냐는 의구심도 잦아들지 않았다. 시민들을 통제하려는 정치적 속셈이 깔린 것 같다고 주장하는 이들의 목소리에 힘이 실렸다.

　어떤 전쟁에서든 승리하려면 일사불란한 지휘체계가 필요하고, 소속원은 그 지시에 철저하게 따라야 할 필요가 있다. 불편하고 어렵더라도 그 '전쟁'에서 승리하려면, 구성원 모두 희생을 감수하며 협조해야 했다. 그러나 이를 무작정 강요할 수는 없는 일이었다. 그때의 상황이 얼마나 위험한 것인지, 규제가 왜 필요한지에 대해 충분한 입증과 공감이 필요했으며, 규제에 따른 희생에 적절한 보상이 이뤄지리라는 믿음도 있어야 했다. '나는 나를 파괴할 권리가 있다'는 말도 있는 마당에 강압적인 통제가 실효성을 거두리라고 믿는 것은 무모했던 것이다. 무턱대고 밀어붙인다면, 사회적 저항을 불러올 수 있었던 상황. '죽음 아니면 자유를 달라'는 외침은 그 어디에서도 터질 수 있기 때문이었다. 그것은 그때만의 일은 아니다.

기원전 5세기 고대 그리스로 거슬러 올라가 보자. 당시 그리스는 페르시아 대국의 엄청난 군사적 공격을 받았다. 적군의 원정로에 있던 그리스의 도시국가들이 싸워볼 생각도 하지 못한 채로 페르시아에 굴복했다. 두 번의 침략을 막아 내는 데 가장 큰 공을 세운 도시국가는 아테네였다. 첫 번째는 마라톤 전투에서, 두 번째는 살라미스 해전에서 아테네인들은 자신들도 믿기 힘든 승리를 일궈 내며 단숨에 그리스의 최강국으로 부상했다.

'비극의 아버지'라 불리는 아테네의 시인 아이스퀼로스도 두 번의 전쟁에 모두 참전해 감격적 승리를 맛보았고, 그 경험은 죽는 순간까지 그의 자부심이 됐다. "나의 묘비에 내가 마라톤의 전사였음을 새겨다오"라고 할 정도였다. 그는 군사력에서 절대적인 열세를 극복하고 그리스가, 아테네가 승리를 거둔 비결을 《페르시아인들》이라는 작품에 담아 무대에 올렸다.

승리를 확신하던 페르시아의 왕궁에 패배의 소식이 알려졌다. 아들 크세르크세스 왕이 개선 행진을 하리라 기대하던 어머니 아토사는 도저히 믿을 수 없다는 듯이 원로들에게 묻는다.

"누가 그들의 목자로서 군대를 이끄는가?" 원로의 수장이 답한다. "그들은 어떤 사람의 노예라고도, 시종이라고도 불리지 않습니다." "그렇다면 그들은 적군이 쳐들어올 때, 어떻게 대항하는가?" "페르시아의 능숙한 대군도 그들에게 패할 정도입니다."(241~244행) 패전을 알리는 사자가 도착해 정황을 설명한다. "수만 따져본다면, 우리 함대가 틀림없이 이겼을 것이옵니다."(337행)

그런데 왜 페르시아가 아테네에게 패배했단 말인가. 아이스퀼로스는 모든 아테네인이 자기 자신의 주인이 되는 자유민이지만, 페르시아의 병사들은 군주의 명령에 따라 움직이는 노예 같은 존재들이라고 봤다. 자유민과 노예가 싸운다면, 자유민이 이길 수밖에 없다는 것. 자유민은 왜 싸워야 하는지를 알고 자발적으로 싸우는 반면, 노예는 왜 싸워야 하는지도 모르면서 군주의 명령에 순응하여 전쟁터에 끌려나간 터였다. 아테네인들은 자유를 지키려는 결의로 필사적이었지만, 페르시아인들은 노예처럼 이겨도 그만 져도 그만이라고 생각했으니 싸움이 될 리가 없었다. 내가 무엇을 지켜야만 하는지, 그것이 지킬 만한 가치가 있는지에 대한 확신이 중요했다.

전쟁과도 같은 코로나19 상황에서도 그랬다. 개인의 자유가 무기가 될 때, 우리는 승리할 수 있었다. 그러나 정부와 방역 당국이 제시하는 조치에 관해 충분한 사회적 합의를 바탕으로 한 시민들의 자유로운 참여가 없었다면, 그 어떤 것도 규제만으로는 실효를 거둘 수 없었을 것이다. 물론 그때를 두고도 다른 평가가 있기도 하다. 정부의 일방적인 규제와 지시가 서민들의 삶을 피폐하게 했다는 비판도 있다. 그 비판의 빌미도 잘 따지고 보면, 과연 우리 국민 개개인의 자율적 판단과 목소리가 사회적 합의로 이어진 것은 아니었다는 판단에서일 것이다. 공동체의 위기 극복 능력은 개인적 자유와 사회적 합의에서 나온다는 것을 잊지 말아야 한다.

──────────────

# 68

# 발 디딜 현실이 단단해야
# 다시 오를 수 있다

"항산이 없으면 항심도 없다."
– 맹자

군주가 도덕을 국가 운영의 근본으로 삼으면 신하나 백성들도 당연하게 도덕을 따르게 될까? 맹자는 반드시 그렇다며 확신에 차 있었다. 그는 군주가 이익을 중시하면 신하와 백성 모두가 이익을 중시하게 되듯이 군주가 도덕을 중시하면 온 나라 사람이 다 도덕을 중시하게 될 것이라고 역설했다. 도덕 공동체로서의 국가의 구현이 가능하다고 철석같이 믿었던 것이다.

그런데 실제 역사는 어떠했을까? 주지하듯이 동서고금의 역사를 통틀어도 맹자가 확신했던 도덕 공동체로서의 국가가 구현된 적은 없었다. 군주가 도덕적으로 진보한 국가를 만들고자 했던 적이 없다는 얘기가 아니다. 군주가 그러한 지향을 밀고 나간다고 해도 신하나 백성이 겉으로만 따르는 척하고 실제로는 이익을 우선시하면, 아무리 절대 권력을 쥔 군주라도 결국은 자신의 정치적 지향을 이루지 못했다. 신하와 백성이 자기들의 부도덕하고 불법적인 치부를 감추기 위해 모든 잘못을 적극적으로 군주 탓으로 돌리는 일도 적지 않았다. 민주주의 사회라고 해서 얼마나 다를까 하는 생각마저 든다.

단적으로 맹자가 꿈꿨던 도덕 공동체는 그저 실현 불가능한 이상에 불과하다는 뜻이다. 그래서일까? 같은 유가이면서 후배였던 순자는 도덕 자체보다 도덕을 제도화한 예법에 기초한 공동체를 제시했다. 그는 사람 누구나 지니고 태어나는 사리 분별력을 바탕으로 예법 제도를 구축한 후, 이에 따라 저마다 욕망을 충족해 간다면 '공정함을 바탕으로 한 조화로운 사회'의 구현이 가능하다고 믿었다.

맹자가 누구나 다 지닌다는 선한 본성에 기대 도덕 공동체의
구현이 가능하다고 확신했다면, 순자는 이를 도덕에 대한 과잉
확신으로 보고 그 대안으로 예법 제도를 공동체의 초석으로 제
시했던 것이다. 하지만 순자의 예법 공동체 또한 맹자의 도덕 공
동체와 마찬가지로 실현되지 못했다. 도덕을 기반으로 한 맹자나
순자의 기획이 이상의 영역에서 현실의 영역으로 내려오지 못한
것이다.

조화로운 사회는 어느 한 세대에 국한되는 한 결코 구현될 수
없다. 조화로움이 세대를 거듭하여 지속 가능하게 구현되어야 비
로소 공정함을 바탕으로 한 조화로운 사회라고 할 수 있다. 이런
점에서 조화로운 사회가 구현되지 못할 때 가장 큰 피해를 입는
당사자는 젊은 세대이다. 어려서부터 노년에 이르기까지 '기울어
진 운동장'이 줄곧 삶의 기본값으로 주어지기에 그렇다. 근자의
우리 사회에서 2030세대의 사회적 울분이 갈수록 확산되고 심화
되는 까닭이다.

이는 조화로운 사회의 구현이란 지향을 포기해서는 안 됨을 일
러 준다. 그렇다면 어찌해야 그러한 세상을 일굴 수 있을까? 근대
중국의 사상가 루쉰은 봉건제적 신분제 타파를 내건 이들이 혁명
에 성공하여 통치자가 되자, 기존 지배층과 별반 다를 바 없이 군
림하며 부정부패를 즐기는 모습에 경악했다. 그는 사람을 바꾸지
않는 한 신분제의 실질적 해체는 불가능함을 절절히 목도했고, 이

에 "사람을 독립적이고도 자율적 존재로 세운다"는 '입인(立人)'의 목표를 필생의 과업으로 삼게 된다.

다시 도덕의 힘으로 회귀한 셈이다. 순자는 사람이 사리 분별 역량만이 아니라 '호리', 그러니까 이익을 좋아하는 본성도 함께 갖고 태어난다고 보았다. 유가와 달리 사람을 차갑게 바라보았던 한비자는 사람에게는 이익을 탐하는, 곧 '탐리'적 본성이 공통적으로 깃들어 있다고 보았다. 그런데 자연으로부터 얻을 수 있는 재화에는 한계가 있다. 세상의 모든 재화로 세상 사람 모두의 욕망을 충족시키는 일은 애초부터 불가능했다. 결국 사람의 이익 친화적 본성을 무언가로 제어하지 못한다면 공정도, 조화도 구두선이 되고 만다. 도덕 공동체란 지향이 역사적으로 실현된 적 없음에도 루쉰이 다시 도덕 역량을 들고 나올 수밖에 없었던 저간의 사정이다.

다만 여기에는 전제가 있다. 생활의 지속 가능한 안정이다. 맹자가 '항산(恒産)', 그러니까 지속 가능한 일정한 수입이 보장된 경제체제가 실현된 다음에야 비로소 어떠한 상황에서도 잃지 않는 떳떳한 마음인 '항심(恒心)'이라는 도덕 역량을 지니게 된다고 설파했듯이 말이다.

예측 불가능하고 불안한 삶을 이기는 68가지 고전문답

# 삶이 묻고 고전이 답했다

**초판 1쇄 발행** 2026년 3월 6일

**지은이** 김헌·김월회
**펴낸이** 민혜영
**펴낸곳** 오아시스
**주소** 서울특별시 마포구 월드컵로14길 56, 3~5층
**전화** 02-303-5580 | **팩스** 02-2179-8768
**홈페이지** www.cassiopeiabook.com | **전자우편** editor@cassiopeiabook.com
**출판등록** 2012년 12월 27일 제2014-000277호

ⓒ김헌·김월회, 2026
ISBN 979-11-6827-425-9 03100

- 오아시스는 (주)카시오페아 출판사의 인문교양 브랜드입니다.
- 잘못된 책은 구입하신 곳에서 바꿔 드립니다.
- 책값은 뒤표지에 있습니다.